# Konzert- und Veranstaltungsverträge



von

Ulrich Poser

Rechtsanwalt in Hamburg

Verlag C.H. Beck München 2007

Verlag C. H. Beck im Internet:
**beck.de**

ISBN 978 3 406 56788 9


Wilhelmstraße 9, 80801 München
Druck: Nomos Verlagsgesellschaft
In den Lissen 12, 76547 Sinzheim

Satz: jürgen ullrich typosatz, 86720 Nördlingen

Gedruckt auf säurefreiem, alterungsbeständigem Papier
(hergestellt aus chlorfrei gebleichtem Zellstoff)

# Inhaltsverzeichnis

Folgende Dokumente finden sich neben den Vertragsmustern auf der beiliegenden CD*:

## GEMA

- **Vergütungssätze BM** für die Nutzung von Musikeinlagen in Bühnenwerken und Bühnenmusik (kleine Rechte)
- **Vergütungssätze BT** für Musikdarbietungen bei der Wiedergabe von Bildtonträgern
- **Vergütungssätze E** für Konzerte der ernsten Musik
- **Vergütungssätze M-U** für Unterhaltungs- und Tanzmusik mit Tonträgerwiedergabe
- **Vergütungssätze U-Büh** für die Nutzung von Rechten an Bühnenaufführungen aus vorbestehenden Werken des Kleinen Rechts im Zusammenhang mit Shows, Compilation Shows, Revuen etc.
- **Vergütungssätze U-VK** für Unterhaltungs- und Tanzmusik mit Musikern
- **Vergütungssätze VK** für regelmäßige Musikaufführungen von Varietébetrieben, Kabarettbetrieben, Gastspielunternehmen und Zirkusunternehmen
- **Vergütungssätze VK (G)** für Musikwiedergaben von Großhallenbetrieben und Gastspielunternehmen in Räumen oder auf Veranstaltungsplätzen mit über 3000 Personen Fassungsvermögen
- **Vergütungssätze WR-VR-B 1** für die Nutzung von Werken des GEMA-Repertoires in Kleinkunstbühnen
- **Vergütungssätze WR-VR-MES** für die Nutzung von Werken des GEMA-Repertoires zur Unterhaltung ohne Veranstaltungscharakter auf Messen und Ausstellungen

## Künstlersozialkasse

- Das Wichtigste zur Künstlersozialabgabe in Kürze
- Informationsschrift Nr. 1: Allgemeines und Verfahren
- Informationsschrift Nr. 4: Abgabepflicht von Veranstaltern
- Informationsschrift Nr. 6: Künstlerkatalog und Abgabesätze
- Informationsschrift Nr. 7: Abgabepflicht von Theaterunternehmen
- Informationsschrift Nr. 8: Abgabepflicht von Orchesterunternehmen
- Informationsschrift Nr. 10: Künstlersozialversicherungs-Entgeltverordnung

---

* Jeweils mit freundlicher Genehmigung der GEMA und der Künstlersozialkasse.

# A. Einführung und Textabdruck

## I. Einführung

### 1. Vorbemerkung

Während die Tonträgerindustrie im Jahre 1995 noch 2,65 und die Live-Musik-Branche umgerechnet 2,45 Milliarden Euro umsetzte, waren dies im Jahre 2003 nur noch 1,78 Milliarden für die Tonträgerindustrie und 2,70 Milliarden Euro für die Live-Musik-Branche.[1]

Die Gründe für die dramatischen Umsatzrückgänge der Tonträgerbranche liegen auf der Hand: Kinderleichte 1:1-Kopierbarkeit von CDs für Jedermann, die Möglichkeit illegaler Downloads aus dem Internet, die sich immer mehr durchsetzenden und herkömmliche Tonträger verdrängenden legalen Internetplattformen wie z.B. i-tunes und schließlich eine in weiten Teilen verfehlte Geschäftspolitik der großen Schallplattenfirmen[2] sind im Wesentlichen für die katastrophalen Rückgänge in der Tonträgerbranche verantwortlich.

Anders präsentiert sich die Situation in der prosperierenden Konzert- und Veranstaltungsbranche: Trotz teilweise relativ hoher Eintrittspreise[3] sind viele Veranstaltungen sehr gut besucht oder ausverkauft, so dass der Umsatz im Bereich Live-Entertainment von 48% im Jahre 1995 auf 60% im Jahre 2003 anstieg.[4]

Der Gründe hierfür liegen sicherlich auch in den immer professioneller arbeitenden Dienstleistern wie Internet-Ticketanbietern, hervorragend arbeitenden Sound- und Lichtfirmen und professionellen Vermarktern künstlerischer Darbietungen. In erster Linie wird aber immer die Faszination und Einmaligkeit eines Live-Erlebnisses für die Zuwächse in der Branchen maßgeblich verantwortlich sein.[5]

Für die Hilfe bei der umfangreichen Literaturrecherche bedanke ich mich an dieser Stelle bei Herrn Rechtsreferendar Henning Lorenzen.

### 2. Gegenstand dieses Buchs

Gegenstand dieses Buchs sind die in Deutschland[6] üblichen Verträge der Konzert-, Entertainment- und Veranstaltungsbranche. Das spezielle Bühnenarbeitsrecht mit seinen zahlreichen Tarif-, Normal- und Gastverträgen wird im Rahmen dieser Abhandlung nicht thematisiert.

Schwerpunkte des Buchs bilden neben der Darstellung der relevanten Vertragsarten
- Konzertvertrag
- Künstlervertrag
- Gastspielvertrag
- Managementvertrag
- Agenturvertrag
- Konzertbesuchervertrag und Rechtsverhältnis Vorverkaufskasse/ Veranstalter

sowie einer exemplarischen Auflistung der einschlägigen Rechtsprechung die „typischen Veranstalterlasten"
- Beschränkte Steuerpflicht ausländischer Künstler und Produktionsgesellschaften der §§ 49 ff. EStG
- Branchenbezogenes Umsatzsteuerrecht: §§ 4 Nr. 20, 12 Abs. II Nr. 7 und 13 b UStG
- Das Recht der GEMA

Schließlich werden im Rahmen dieser Abhandlung die wesentlichen Informationen zum Thema Künstlersozialabgabe zur Verfügung gestellt.

### 3. Der Rechtsanwalt in der Konzert- und Veranstaltungsbranche

Der auf die Konzert- und Veranstaltungsbranche spezialisierte Rechtsanwalt, der seine Mandanten bundesweit vor Gericht vertritt, erfährt des öfteren, dass vielerorts Unklarheit herrscht, worum es in der Musik- und Veranstaltungsbranche eigentlich geht.

Das Recht der Veranstaltungsbranche ist gesetzlich nicht eigens kodifiziert; so dass sich die gesetzlich einschlägigen Vorschriften u.a. in den Regelung des Bürgerlichen Gesetzbuches (BGB), des Künstlersozialversicherungsgesetzes (KSVG), des Urheberrechtsgesetzes (UrhG), des Markengesetzes (MarkenG), des Gesetzes gegen den unlauteren Wettbewerb (UWG) sowie in zahlreichen Normen des Steuerrechts, insbesondere des Einkommensteuergesetzes (EStG) und des Umsatzsteuergesetzes (UStG) finden.

Der eingeschaltete Rechtsanwalt oder der erfahrene Branchen-Praktiker hat aus diesem Grunde dem über einen Streit – beispielsweise zwischen Veranstalter und Künstler oder zwischen Gastspiel-/ Konzertdirektion und Veranstalter – entscheidenden Gericht zunächst die branchenspezifischen vertraglichen Grundlagen zu vermitteln, beispielsweise den rechtlichen Unterschied zwischen der Künstlervermittlung auf der einen und dem völlig anders gelagerten Ein- und Verkauf von Künstlern auf der anderen Seite.

Begriffe wie z. B. „Veranstalter“, „Örtlicher Veranstalter“, „Tourneeveranstalter“, „Gastspiel-/Konzertdirektion“, „Agent“, „Künstlervermittler“ oder „Künstleragentur“ bedürfen sorgfältiger Definition. In gleicher Weise müssen die unterschiedlichen Vertragsarten der Konzert- und Veranstaltungsbranche erläutert und dargelegt werden. Bei diesen Verträgen handelt es sich um den Konzertvertrag, den Künstlervertrag, den Gastspielvertrag, den Tournee- und Kooperationsvertrag sowie Managementvertrag und Agenturvertrag.

Erfolgreich kann man seine Mandanten vor Gericht zumeist erst nach entsprechender „Schulung“ des Spruchkörpers vertreten. Leider bleiben gleichwohl haarsträubende Entscheidungen nicht aus: Beispiel hierfür ist eine neuere Entscheidung eines süddeutschen Landgerichts, welches einen Konzertvertrag als nichtig einstufte, weil er nicht gemäß Artikel 38 Abs. 2 Bayerischer Gemeindeordnung vom Bürgermeister persönlich unterschrieben war. Obwohl der Vertrag von dem für kulturelle Angelegenheiten zuständigen Sachbearbeiter, welcher über ein stadteigenes Büro, ein Faxgerät und einen Stempel der Stadt verfügte, unterschrieben war und die engagierte Band ordnungsgemäß drei Tage hintereinander auf dem Stadtfest auftrat, gab das erkennende Gericht der Stadt Recht, die sich weigerte, das vereinbarte Honorar zu zahlen. Begründet wurde dies damit, dass der Vertrag nicht vom Bürgermeister persönlich unterschrieben und deshalb gemäß Artikel 38 Abs. 2 Bayerische Gemeindeordnung nichtig sei. Das Berufungsgericht, das Bayerische Oberlandesgericht München, Außenstelle Augsburg, hatte ein Einsehen und hob die offensichtliche Fehlentscheidung des süddeutschen Landgerichts unter Berufung auf die Grundsätze der Anscheins- und Duldungsvollmacht in zweiter Instanz auf.

### 4. Die typischen Veranstalterlasten

Gesetzliche Gebühren-, Steuer- und Haftungstatbestände sind das tägliche Brot aller in der Veranstaltungsbranche angesiedelten Unternehmen, zu welchen örtliche Veranstalter, Tourneeveranstalter, Gastspiel-/oder Konzertdirektionen, Agenten, Managements und Künstler sowie eine Vielzahl weiterer Unternehmen, beispielsweise Eventagenturen, gehören.

Stichworte wie GEMA, Ausländersteuer (beschränkte Steuerpflicht ausländischer Künstler und Produktionsgesellschaften der §§ 49 ff. EStG), Umsatzsteuer, Künstlersozialabgabe und Vergnügungssteuer haben schon so manchem Branchenbeteiligten Kopfzerbrechen bereitet und vorher nicht miteinkalkuliertes Geld gekostet. Die Kenntnis der einschlägigen Vorschriften, eine sorgfältig vorausschauende

Planung sowie die Wahl eines versierten Beraters können effektiv dazu beitragen, nicht vorhergesehene Belastungen zu vermeiden.

## 5. Namens- und Markenverletzungen

Streitigkeiten rund um den Bandnamen, um Projektnamen, Veranstaltungsnamen, Künstlernamen und geschützte Titel sind heutzutage mehr denn je an der Tagesordnung. Um die Nutzungsrechte am Veranstaltungsnamen „Dirty Dancing" wurde jüngst[7] erbittert vor diversen deutschen Gerichten gestritten. In anderen Fällen beanspruchen ausgeschiedene Bandmitglieder oder unberechtigte Dritte den Namen einer bekannten Band für sich, obwohl die Originalband weiter existiert und der Ausgeschiedene nicht Namensrechtinhaber ist. Ein Rechtsstreit in all diesen Fällen ist vorprogrammiert. Zunehmend werden auch Coverbands auf Unterlassung des Bandnamens in Anspruch genommen. Betroffen sind Coverbands, die einen berühmten Bandnamen wie z.B. ABBA, Bon Jovi oder Genesis in ihrem Gruppennamen tragen.[8] Bei solch überragend bekannten Namen kann es sich gleichzeitig um rechtlich geschützte Marken (Verkehrsgeltungsmarken) und geschäftliche Bezeichnungen, die nicht nur Namensschutz nach dem Bürgerlichen Gesetzbuch, sondern auch Schutz nach dem Markengesetz genießen, handeln. In den meisten Fällen spricht das Gesetz gegen den unlauteren Wettbewerb (UWG) ergänzenden Schutz zu. Dies hat zur Folge, dass die Nutzung solch überragend bekannter Bandnamen wie z.B. ABBA, Bon Jovi oder Rolling Stones zur Bewerbung der eigenen Band – und sei es auch nur in einem Teil des Namens – zumeist rechtswidrig ist und vom Namensrechtsinhaber verfolgt werden kann. Daran ändert auch der Zusatz „Coverband" oder ein anderer Zusatz nichts.

Dem Autor sind mehrere Fälle bekannt, in denen die Berechtigten am Recht eines überragend bekannten Namens in den Websiten des Deutschen Patent- und Markenamts auf die Suche gegangen sind und alle Bands, die den bekannten Namen abgewandelt in ihrem eigenen Bandnamen nutzten, sofort auf Unterlassung in Anspruch genommen haben. Die Folge war, dass die betroffenen Bands ihre eingetragene Marke sowie die eingetragene Domain löschen und darüber hinaus Rechtsanwaltsgebühren in nicht unerheblicher Höhe erstatten mussten. In vielen Fällen wurde darüber hinaus weitergehender Schadensersatz gem. der in solchen Fällen einschlägigen Lizenzanalogie verlangt.

Schließlich trifft es im Falle einer solchen Rechtsverletzung nicht nur die Band, die den falschen Namen trägt: Im Marken-, Namens-

und Wettbewerbsrecht kann bis auf wenige Ausnahmen jeder „Störer“, d.h. Namensnutzer abgemahnt und verfolgt werden. Dies hat zur Folge, dass auch die selbst veranstaltende Halle, die vermietende Halle, der präsentierende Radio- und TV-Sender, der werbende Sponsor, die bewerbende Tageszeitung oder auch der Tonträgerhändler, der eine CD mit dem „falschen“ Namen verkauft, auf Unterlassung und – bei Verschulden – auf Schadenersatz in Anspruch genommen werden kann. Das Argument „da kann ich nichts dafür – das habe ich doch nicht wissen können“ zählt nicht, da marken- und wettbewerbsrechtliche Unterlassungsansprüche verschuldensunabhängig sind.

Jeder im Internet Auftretende oder Werbende sollte sich die Binsenweisheit vor Augen halten, dass das Internet weltweit eingesehen wird und Rechtsverletzungen aller Art mit Hilfe von Suchmaschinen für jedermann leicht zu entdecken und zu verfolgen sind. Die Musik- und Veranstaltungsbranche ist von diesem Phänomen besonders betroffen. Vorbeugen kann hier nur eine sorgfältige Recherche (u.a. im Register des Deutschen Patent- und Markenamtes), um Namens- und Markenrechte Dritter nicht zu verletzen.

### 6. Der Zweck dieses Buches

Dieses Buch soll auf der einen Seite allen Beteiligten der Musikbranche, insbesondere den Neueinsteigern, die wesentlichen rechtlichen Grundlagen der Musik-, Konzert- und Veranstaltungsbranche darlegen. Diesbezüglich sei bereits im Vorwort darauf hingewiesen, dass auch in der Konzertbranche der Satz „Fehler vermeiden heißt Geld sparen“ gilt. Das Werk soll daher die branchentypischen Vertragsarten ebenso erläutern, wie die typischen Veranstalterlasten „Ausländersteuer“ und GEMA. Die relevanten Punkte zum Thema Künstlersozialabgabe kann sich der Leser im Wesentlichen durch Studium der freundlicherweise von der Künstlersozialkasse für die beiliegende CD freigegebenen Informationsschriften aneignen. Auch der GEMA sei diesbezüglich für die Überlassung der einschlägigen Tarife gedankt.

Das Buch soll darüber hinaus Branchenpraktikern, die schon länger in der Musik- und Veranstaltungsbranche tätig sind, ein verlässliches Nachschlagewerk sein sowie anhand einer Vielzahl ausgewählter einschlägiger Rechtsprechung dabei helfen, die eine oder andere branchenbezogene Frage mit erforderlichem juristischen Tiefgang zu beantworten.

Auf der anderen Seite soll dieses Werk rechtliche Berater in die Lage versetzen, ihre Mandanten anhand der ausgewählten Rechtsprechung und einschlägiger Veröffentlichungen, z. B. Schreiben des Bundesfinanzministeriums (BMF-Schreiben) gut zu beraten.

Zur Vorbereitung auf die 2. Auflage dieses Werks wäre der Autor allen Lesern sehr dankbar, wenn Änderungs- und/oder Ergänzungsvorschläge, Verbesserungen sowie weitere Literaturstellen und einschlägige Rechtsprechung an den Autor oder an den Verlag übermittelt würden.[9]

## 7. Branchentypische Probleme beim Zustandekommen von Verträgen

a) **Punktation,[10] „letter of intent" und Vorvertrag.** Eine Fallgestaltung, die in der Konzert- und Veranstaltungsbranche immer wieder vorkommt, hat zum Inhalt, dass sich die Vertragsparteien (z. B. Konzertdirektion oder Künstler auf der einen und Veranstalter auf der anderen Seite) über einige **Eckpunkte** eines Vertrages geeinigt haben (u. a. Künstler, Auftrittsdatum, Kartenpreis) und die Konzertdirektion oder der Künstler oder sein für ihn handelnder Agent/ Manager nun vom wirksamen mündlichen Abschluss eines Gastspiel- oder Konzertvertrages ausgeht. Dieser wäre – wenn auch schwer beweisbar – wohl zu bejahen, wenn die eine Vertragspartei nicht – und dies kommt in der Praxis oft vor – noch ein umfangreiches schriftliches Vertragswerk „hinterher geschickt" hätte.

So auch geschehen in einem vom OLG Koblenz zu entscheidenden Fall aus dem Jahre 2002.[11] Die Parteien des Rechtsstreits (der Künstler J. und sein Management auf der einen und ein Veranstalter auf der anderen Seite) stritten sich im Wesentlichen darüber, ob – nach Austausch diverser Faxschreiben und diversen Telefonaten – ein Vertrag über den Auftritt des Künstlers zustande gekommen ist.

Das OLG Koblenz vertrat die Auffassung, dass ein entsprechender Vertrag nicht zustande gekommen ist. Dies ergebe sich zum einen daraus, dass die nachträglich übersandten schriftlichen Vertragsentwürfe zweifellos nicht unterzeichnet seien. Nach Ansicht des Gerichts befanden sich die Parteien bis zur Beendigung der Gespräche noch im Stadium der Vertragsverhandlungen, wobei eine Verständigung über einzelne Vertragspunkte durchaus bereits stattgefunden hatte (vgl. § 154 Abs. 1 S. 2 BGB). Wirksame, abschließende anspruchsbegründende Absprachen lagen aber zu diesem Zeitpunkt nicht vor.[12]

Solange sich die Parteien nicht über alle Punkte eines Vertrages geeinigt haben, über die nach Erklärung auch nur einer Partei eine Vereinbarung getroffen werden soll, ist der Vertrag im Zweifel nicht geschlossen.

Nach § 154 Abs. 1 S. 2 BGB ist die Verständigung über einzelne Punkte auch dann nicht bindend, wenn eine Aufzeichnung stattgefunden hat.

Im vorliegenden Fall waren sich die Parteien noch nicht über alle wesentlichen Punkte einig. Es stand nicht fest, wer überhaupt Vertragspartei sein soll; auch die Höhe der Vergütung war noch nicht abschließend vereinbart worden (110.000,00 DM oder 75.000,00 DM). Zudem war noch keine Einigung über die einzubehaltenden und abzuführenden Steuern getroffen worden. Auch weitere, nach dem vorgelegten schriftlichen Vertragsentwurf regelungsbedürftige, Punkte wie die zusätzliche Vergütung für musikalische Aufführungsrechte, die Vermarktungs- und Werbemöglichkeiten des Auftritts des Klägers waren unstreitig noch nicht verhandelt worden.

Das Gericht entschied, dass nach alldem zwar möglicherweise eine sog. **Punktation** gem. § 154 Abs. 1 S. 2 BGB, d.h. eine schriftliche Einigung über Teilaspekte, vorliege, diese aber nicht zu einem anspruchsbegründenden Vertragsschluss führe.[13] Eine Teileinigung sei selbst vom Kläger nicht gewollt, da er durch die Übersendung der schriftlichen Verträge zum Ausdruck brachte, dass er eine vollständige und einheitliche Regelung der vertraglichen Beziehungen anstrebte.[14]

Zu berücksichtigen ist in der Praxis, dass § 154 Abs. 1 BGB als Auslegungsregel[15] unanwendbar ist, wenn sich die Parteien trotz der noch offenen Punkte erkennbar vertraglich binden wollen und sich die bestehenden Vertragslücken ausfüllen lassen.[16] Ein solcher Wille ist in der Regel zu bejahen, wenn die Parteien im beiderseitigen Einvernehmen mit der Durchführung des unvollständigen Vertrages begonnen haben[17] oder das Vertragsverhältnis trotz der von einem Teil ausgesprochenen Kündigung fortsetzen.[18]

Insbesondere aus Verhandlungen mit der Tonträgerindustrie kennt man die schriftliche Fixierung von Vorverhandlungen; **„head of agreement"** (hoa) oder **„letter of intent"** genannt. Solche fixierten Vorverhandlungen sind – wenn sie nicht von beiden Vertragsparteinen unterschrieben sind; in diesem Fall liegt ein verbindlicher Vorvertrag vor – bis zur vollständigen Einigung grundsätzlich nicht bindend (§ 154 Abs. 1). Sie können aber für die Auslegung des späteren Vertrages bedeutsam sein.[19] Ein letter of intent ist in der Regel die rechtlich nicht verbindliche Fixierung der Verhandlungsposition des Absenders.[20]

Solche Vorverhandlungen begründen jedoch ein vertragsähnliches Vertrauensverhältnis, das Grundlage für Schadensersatzansprüche wegen c.i.c. sein kann.[21] Dies entschied auch das OLG Koblenz in o.g. Fall. Es bejahte einen Anspruch des Klägers auf Ersatz des Schadens, den er dadurch erlitten hat, dass im Rahmen des bestehenden intensiven geschäftlichen Kontakts, den Vertragsverhandlungen, nicht auf seine Interessen in angemessenen Maße Rücksicht genommen wurde (Ersatz des Vertrauensschadens).[22]

Das Gericht führt in seiner Entscheidung aus, dass die Beklagte (Managementfirma) spätestens nach Übersendung der Vertragsentwürfe gehalten war, umgehend eine Entscheidung über den Auftritt des Künstlers herbeizuführen. In dem Zuwarten und dem Anreisenlassen eines Vertreters des Künstlers zur Auftrittsvorbereitung liegt die Verletzung der Pflicht zur Rücksichtnahme auf die Interessen des Vertragspartners zu 2., hier des Künstlers. Für den insoweit entstandenen Schaden (Reise- und Übernachtungskosten)[23] sei die Beklagte ersatzpflichtig.[24]

Der Rechtsstreit hat sich für die Kläger (den Künstler und sein Management) nicht gelohnt. Eingeklagt wurde ein Honorar iHv. 110.000,00 DM; zugesprochen wurde in zweiter Instanz ein als symbolisch zu bezeichnender Schadensersatz iHv. 1.175,00 DM. Die von den Klägern für zwei Instanzen zu zahlenden Gerichts- und Rechtsanwaltskosten übersteigen den zugesprochenen Betrag um ein Vielfaches.

Zu unterscheiden vom in der Regel unverbindlichen „letter of intent" ist der (rechtlich verbindliche) **Vorvertrag,** mithin ein Vertrag, der die Verpflichtung zum späteren Abschluss eines Hauptvertrags begründet.[25]

**Praxistipp:** Sofern die Parteien einen solchen verbindlichen Vorvertrag schließen wollen, sollte er – um sich vom unverbindlichen letter of intent abzugrenzen – folgende Formulierung enthalten:

**Vorvertrag**

**(......)**

**„Die Parteien sind sich darüber einig, dass der Künstler XY am ...... in ...... von ...... bis ...... auftreten wird. Es ist ein Honorar iHv. Euro ...... zzgl. ges. USt. vereinbart.**

**Die Parteien verpflichten sich hiermit verbindlich zum Abschluss eines schriftlich fixierten Konzertvertrages nach anliegendem Mustervertrag bis zum ......**

**b) Das kaufmännische Bestätigungsschreiben (KBS).** Grundsätzlich kommt ein Vertrag nach deutschem Recht durch zwei übereinstimmende Willenserklärungen zustande; dies sind Angebot und Annahme.[26] Eine Ausnahme dazu stellt das sog. Kaufmännische Bestätigungsschreiben dar. Im Handelsverkehr gilt der Grundsatz, dass der Empfänger eines kaufmännischen Bestätigungsschreibens unverzüglich widersprechen muss, wenn er den Inhalt des Schreibens nicht gegen sich gelten lassen will.[27]

Die Grundsätze über das KBS sind als Handelsbrauch im Verkehr unter Kaufleuten entstanden.[28] Mögliche Empfänger und Absender sind heutzutage alle Unternehmer, die wie ein Kaufmann selbständig in größerem Umfang am Rechtsverkehr teilnehmen.[29] Die Voraussetzungen des KBS sind Folgende:[30]

- Bezugnahme auf eine getroffene Absprache
- Das KBS muss eindeutig abgefasst sein
- Rechtzeitiger Zugang beim Empfänger.

Das KBS, welches auch per Fax, E-Mail oder SMS übermittelt werden kann, muss sich auf eine mündliche, fernmündliche fernschriftliche (elektronische) getroffene Vereinbarung beziehen; zwischen den Parteien müssen also Vertragsverhandlungen stattgefunden haben.[31]

Das KBS muss in zeitlich unmittelbarem Zusammenhang mit den Vertragsverhandlungen abgesandt werden; 5 Tage können noch unbedenklich sein, nahezu 3 Wochen sind es sicher nicht.[32]

Das KBS ist ohne Wirkung, wenn der Bestätigende das Verhandlungsergebnis bewusst unrichtig oder entstellt wiedergibt, also arglistig handelt.[33] Dies muss im Rechtsstreit jedoch unter Beweis gestellt werden.

Ist der Empfänger des KBS mit dem Inhalt nicht einverstanden, muss er dem KBS unverzüglich widersprechen. Die Widerspruchsfrist beträgt in der Regel 1–2 Tage; 3 Tage können noch ausreichen;[34] 1 Woche ist hingegen zu lang.[35]

**Beispiel:** Z, Inhaber und Geschäftsführer des Tourneeveranstalters Z-GmbH, bietet dem örtlichen Veranstalter Ö, der Ö-GmbH, telefonisch die Musikgruppe M für eine Veranstaltung am 31. 12. 2007 in der Stadthalle Stuttgart gegen Zahlung eines Honorars iHv. Euro 85.000,00 zzgl. ges. USt. an. Man verhandelt darüber hinaus über die wesentlichen Vertragspunkte Auftrittsdauer, Honorarzahlungsmodalitäten, technische und sonstige Nebenleistungen, Gebietsschutzklausel und Gerichtsstand. Am nächsten Tag bestätigt Z die Vereinbarung per SMS gegenüber Ö.

Sofern Ö nicht unverzüglich widerspricht, ist ein Vertrag nach den Grundsätzen des KBS zustande gekommen.

Die Grundzüge des KBS stellen nach deutschem Recht den einzigen Fall dar, in welchem Schweigen zu einem verbindlichen Vertragsschluss führen kann.

## II. Textabdruck

## Konzertvertrag[36]

Zwischen der Stadthalle Beispielshausen GmbH, vertreten durch den Geschäftsführer Herbert Beispiel, Beispielweg 1, 12345 Beispielhausen,
nachstehend „Veranstalter“ genannt,
und der Band (Gesellschaft bürgerlichen Rechts):
„Beispielscombo“
bestehend aus den Mitgliedern
1. Sonja Beispiel
2. Karl Beispiel
3. Svenia Beispiel
4. Wolfgang Beispiel
vertreten durch Sonja Beispiel,
Beispielgasse 12, 54321 Wien, Österreich,
nachstehend „Künstler“ genannt,
wird folgender Vertrag geschlossen:

### § 1
### Vertragsgegenstand

1. Der Künstler wird am 30. 6. 2008 in der Stadthalle Beispielshausen von 20.00 Uhr bis 22.00 Uhr konzertmäßig auftreten.
2. Die Spielzeit des Künstlers beträgt mindestens 2 Stunden; zzgl. etwaiger freiwilliger Zugaben.

### § 2
### Künstlergage

1. Veranstalter zahlt für den Auftritt gem. § 1 folgende Gage:
2. Eine Festgage iHv. € 5.000,00

| | |
|---|---|
| Eine Festgage iHv. | € 5.000,00 |
| zzgl. ./. ......% USt. = | € entfällt gem. § 13 b UStG |
| Gesamtgage | € 5.000,00 |

3. Darüber hinaus zahlt Veranstalter an Künstler eine weitere Gage in Form einer Beteiligung von 30% an den € 18.000,00 übersteigenden Brutto-Eintrittseinnahmen der vertragsgegenständlichen Veranstaltung.

## § 3
## Zahlungsmodalitäten, Steuern, Künstlersozialabgabe

Die Gage gem. § 2 ist wie folgt zahlbar:

1. Eine Vorauszahlung iHv. € 2.500 durch Überweisung auf das Konto des Künstlers ...... bis zum 30. 5. 2008.
2. Die Restgage iHv. € 500,00 ist in bar 2 Stunden vor dem Auftritt des Künstlers an den Künstler zur Zahlung fällig.

<u>Nachfolgend zutreffendes bitte ankreuzen:</u>

☐ Künstler ist beschränkt steuerpflichtig i.S.d. §§ 49ff. EStG, da er seinen Wohnsitz bzw. ständigen Aufenthalt i.S.d. §§ 8, 9 AO im Ausland hat. Der Veranstalter zieht von der Gage des Künstlers die Steuer gem. § 50a Abs. 5 EStG ab und zahlt sie an das zuständige Finanzamt. Der Künstler erhält auf Wunsch eine entsprechende Quittung. Veranstalter zahlt die Restgage iHv. € ...... an den Künstler aus.

☐ Künstler ist beschränkt steuerpflichtig i.S.d. §§ 49ff. EStG, da er seinen Wohnsitz bzw. ständigen Aufenthalt i.S.d. §§ 8, 9 AO im Ausland hat. Die Gage gem. § 1 ist netto ohne Abzug an den Künstler auszuzahlen. Die Steuern gem. § 50a Abs. 5 EStG werden vom Veranstalter zusätzlich übernommen. Dieser zahlt die anfallende Steuer iHv. € ...... an das zuständige Finanzamt und stellt dem Künstler auf dessen Wunsch eine Quittung aus.

☐ Künstler ist ein im Ausland ansässiger Unternehmer. Gem. § 13b Abs. 2 UStG ist Veranstalter, sofern er Unternehmer i.S.d. § 2 UStG ist, Schuldner der auf das Honorar entfallenden Umsatzsteuer. Künstler weist die Umsatzsteuer in seiner Rechnung gem. § 14a Abs. 5 UStG nicht aus. Veranstalter meldet die Umsatzsteuer beim zuständigen Finanzamt an und führt diese fristgemäß ab.

☐ Die auf das Honorar anfallende <u>Künstlersozialabgabe</u> iHv. € ....... führt Veranstalter fristgemäß an die Künstlersozialkasse ab.

## § 4
## Nebenpflichten und Nebenleistungen

1. Der Veranstaltungsraum muss für den Aufbau der Anlage am Veranstaltungstag ab 16.00 Uhr geöffnet sein. Der Soundcheck findet zwischen 18.00 Uhr und 19.00 Uhr statt.
2. Der Veranstalter wird den Saal für das Publikum nicht vor 19.30 Uhr öffnen.
3. a) Übernachtung (Zutreffendes ist anzukreuzen):
   - ☐ Der Veranstalter trägt die Kosten der Übernachtung inkl. Frühstück in einem 5 Sterne-Hotel für insgesamt 6 Personen für die Nächte vom 29. 6. 2008 bis zum 1. 7. 2008. Folgende Zimmer werden gebucht: 3 Einzelzimmer; 1 Doppelzimmer; 1 Präsidentensuite.
     Der Veranstalter bucht das Hotel und gibt die Hotelanschrift rechtzeitig bekannt.
   - ☐ Der Künstler organisiert die Übernachtung und trägt seine Übernachtungskosten selbst.
   - ☐ Der Veranstalter zahlt, wie vereinbart, eine Hotelkostenpauschale
     iHv. € ...... zzgl. ......% USt. = € ...... insgesamt € ......

3. b) Reisekosten (Zutreffendes ist anzukreuzen):
   Der Veranstalter trägt die Reisekosten wie folgt:
   - ☐ Erstattung der PKW-/Bahn-/Flug-/Reisekosten des Künstlers (Bahn: 2. Klasse; Flug: economy-class) gegen Vorlage entsprechender Belege. Der Veranstalter wird die Reisekosten am ...... auszahlen.
   - ☐ Der Veranstalter bucht und zahlt den Flug/die Flüge des Künstlers wie folgt: ...... . Die Flugtickets sind bis zum ...... an den Künstler per Einschreiben zu übersenden.
   - ☐ Der Veranstalter zahlt eine Reisekostenpauschale iHv. € ...... zzgl. ......% USt. = € ...... insgesamt € ...... Der Betrag wird dem Künstler zusammen mit dem Honorar am ...... ausgezahlt.
   - ☐ Der Künstler organisiert die Reise zum Veranstaltungsort und zurück und übernimmt die Reisekosten selbst.

3. c) Verpflegung
   - ☐ Der Veranstalter zahlt eine Cateringpauschale iHv. € ......
   - ☐ Der Veranstalter stellt Speisen und Getränke in angemessenem Umfang für den Künstler und seine Begleiter für den Zeitraum von 2 Stunden vor bis 2 Stunden nach der Veranstaltung.

☐ Der Veranstalter stellt das Catering gemäß anliegender Anlage 1.

3. d) Technische Nebenleistungen

☐ Veranstalter stellt auf seine Kosten eine zur Beschallung der Veranstaltung ausreichende Verstärkeranlage mit mindestens 8 Mikrofonen, Mischpult sowie Ton und Licht gem. Anlage 2.

☐ Künstler stellt Ton und Licht gem. Anlage 2.

☐ Künstler stellt die komplette Backline gem. Anlage 3.

☐ Veranstalter stellt folgende Stromanschlüsse zur Verfügung: ......

☐ Veranstalter stellt für den Aufbau ab 16.00 Uhr am Veranstaltungstag und für den Abbau nach der Veranstaltung 3 kräftige Roadies/Stagehands zur Verfügung.

☐ Veranstalter stellt 4 abschließbare Garderobenräume mit Waschgelegenheit.

☐ Sonstiges: ......

3. e) Bewerbung der Veranstaltung

Der Veranstalter wird die Veranstaltung ab 8 Wochen vor dem Konzert in branchenüblicher Weise wie folgt bewerben:

- Rechtzeitige Übermittlung von Veranstaltungshinweis und Bandfoto an folgende Veranstaltungsmagazine: ......;
- Schaltung von mindestens 4 Veranstaltungsanzeigen („Stoppern“) in folgenden Zeitschriften/Magazinen: ......
- Plakatierung der Veranstaltung in folgenden Gebieten: ......
- Übermittlung von Veranstaltungshinweis und aktueller CD des Künstlers an folgende Radiostationen: ......
- Übermittlung von Veranstaltungshinweis und aktueller CD des Künstlers an folgende TV-Sender: ......
- ......

## § 5
## Wesentliche Bestandteile (Anlagen)

Diesem Vertrag sind folgende Anlagen beigefügt (Zutreffendes ist anzukreuzen):

☐ Eine Cateringanweisung, ...... Seite(n), Anlage 1

☐ Ton- und Lichtplan, ...... Seiten, Anlage 2

☐ Eine Bühnenanweisung, ...... Seiten, Anlage 3

Vorgenannte Anlagen 1–3 sind wesentliche Bestandteile dieses Vertrages.

## § 6
## Weisungsfreiheit

1. Der Künstler ist in der Programmgestaltung und Darbietung seiner künstlerischen Leistung völlig frei und unterliegt keinerlei Weisungen des Veranstalters.
2. Veranstalter hat die Gage unabhängig von dem Erfolg des Künstlers in seiner Darbietung beim Publikum zu zahlen.

## § 7
## Ausfall der Veranstaltung

1. Entfällt der Auftritt aufgrund Verschulden des Künstlers, hat der Künstler dem Veranstalter den hieraus entstandenen Schaden bis zu einer Höhe von ...... Euro zu ersetzen.
2. Entfällt der Auftritt durch Verschulden des Veranstalters, zahlt Veranstalter dem Künstler die in § 2 vereinbarte Gage ohne Umsatzsteuer. Ersparte Aufwendungen des Künstlers werden abgezogen.
3. Im Falle des Ausfalls der Veranstaltung aufgrund höherer Gewalt werden die Parteien von ihren vertraglichen Verpflichtungen entbunden. Bis dahin getätigte Aufwendungen trägt jede Partei selbst.

## § 8
## Gebietsschutzklausel

Es wird folgende Gebietsschutzklausel vereinbart (Zutreffendes ist anzukreuzen und auszufüllen): Der Künstler verpflichtet sich, für einen Zeitraum von 30 Tagen vor und 30 Tagen nach dem vertragsgegenständlichen Auftritt dazu, nicht anderweitig

☐ in einem Umkreis von 200 Kilometern um den Veranstaltungsort aufzutreten;

☐ in Deutschland aufzutreten.

## § 9
## TV-Klausel

Sollte Künstler bis spätestens 3 Wochen vor Stattfinden des Auftritts schriftlich nachweisen, dass er nach Abschluss dieses Vertrages die Möglichkeit angeboten bekam, einen TV-Auftritt in ARD, ZDF, SAT 1, RTL oder PRO 7 zu absolvieren, wird er aus den Verpflichtungen dieses Vertrages frei. In diesem Fall hat Künstler unverzüglich einen zeitnahen Ersatzauftritt zu gleichen Konditionen dieses Vertrages mit Veranstalter schriftlich zu vereinbaren. Einen durch die Absage des Auftritts etwaig entstandenen nachgewiesenen Schaden hat der Künstler dem Veranstalter zu ersetzen.

## § 10
## Krankheitsklausel

Ist der Künstler oder ein Mitglied der Band erkrankt und kann Künstler deshalb nicht auftreten, hat Künstler dies Veranstalter unverzüglich mitzuteilen und durch ärztliches Attest nachzuweisen. Die Verpflichtung von Künstlers zum Auftritt und die Verpflichtung von Veranstalters zur Zahlung der Gage entfallen in diesem Fall. Den Parteien bleibt es nachgelassen, einen Ersatzauftritt zu gleichen Konditionen zu vereinbaren.

## § 11
## Genehmigungen/Versicherungen/Haftung/Sponsoren

1. Der Veranstalter ist für die Einholung aller für die Durchführung der Veranstaltung erforderlichen behördlichen Genehmigungen verantwortlich.
2. Veranstalter verpflichtet sich, für die Veranstaltung eine Veranstalter-Haftpflichtversicherung mit einer Deckungssumme iHv. mindestens € 5.000.000,00 für Personenschäden und iHv. mindestens € 1.000.000,00 für Sachschäden abzuschließen.
3. Künstler haftet nur für etwaige Schäden, die von Künstler schuldhaft verursacht werden, sofern diese Schäden binnen 3 Tagen nach

Ende des Konzerts gegenüber Künstler schriftlich angezeigt werden. Jegliche Haftung für leichte Fahrlässigkeit wird ausgeschlossen.

4. Der Einsatz von Sponsoren und/oder Präsentatoren sowie der Werbeeinsatz von Bannern und Werbetafeln etc. bedürfen der schriftlichen Zustimmung von Künstler.

## § 12
## Salvatorische Klausel, Schriftformvereinbarung

1. Änderungen und Ergänzungen dieses Vertrages bedürfen der Schriftform. Dies gilt auch für einen etwaigen Verzicht auf die Schriftform. Nebenabreden sind nicht getroffen. Soweit eine der Bestimmungen dieses Vertrages unwirksam sein sollte, berührt dies nicht die Gültigkeit des Vertrages im Übrigen. Eine etwaig unwirksame Bestimmung ist durch eine gesetzlich zulässige, ihrem wirtschaftlichen Zweck entsprechende Bestimmung zu ersetzen.
2. Die Rechtsbeziehungen der Vertragsparteien unterliegen deutschem Recht. Erfüllungsort ist ......, Deutschland.

## § 13
## Zusatzvereinbarungen

Weitere individuelle Zusatzvereinbarungen:
1. ......;
2. ......;
3. .......

| | |
|---|---|
| ____________________ | ____________________ |
| (Künstler) | (Veranstalter) |

## B. Vertragsmuster und Erläuterungen

### I. Der Konzertvertrag[37]

**Zwischen der Stadthalle Beispielshausen GmbH, vertreten durch den Geschäftsführer Herbert Beispiel, Beispielweg 1, 12345 Beispielhausen,**
**nachstehend „Veranstalter" genannt,**
**und der Band (Gesellschaft bürgerlichen Rechts):**
**„Beispielscombo"**
**bestehend aus den Mitgliedern**
**1. Sonja Beispiel**
**2. Karl Beispiel**
**3. Svenia Beispiel**
**4. Wolfgang Beispiel**
**vertreten durch Sonja Beispiel,**
**Beispielgasse 12, 54321 Wien, Österreich,**
**nachstehend „Künstler" genannt,**
**wird folgender Vertrag geschlossen:**

**Erläuterungen**



#### 1. Die Vertragsparteien

Der Konzertvertrag regelt das vertragliche Verhältnis zwischen dem Veranstalter auf der einen und dem Künstler auf der anderen Seite.

Die ersten Probleme entstehen im Branchenalltag, wenn sich die Parteien im Vertragskopf nicht ordnungsgemäß bezeichnen. Zu Problemen kommt es immer wieder, wenn beispielsweise ein Künstler einen Vertrag mit der „Diskothek 2000" abschließt[38] und diese im Vertragskopf auch so bezeichnet. Im Falle einer rechtlichen Auseinandersetzung muss erst recherchiert werden, wer Inhaber der „Diskothek 2000" ist. Da dieser ständig wechseln oder gar untertauchen kann, empfiehlt es sich, von vorn herein sorgfältig klarzustellen, wer Vertragspartner des Künstlers ist. In Betracht kommen in der Veranstaltungsbranche – wie auch in allen anderen Branchen – u.a. folgende Möglichkeiten:

- Vertragsschluss mit einer natürlichen Person: Herr Herbert Beispiel, Inhaber der Diskothek 2000, Beispielsweg 1, 12345 Beispielshausen
- Vertragsschluss mit einem eingetragenen Verein: Der Beispiel e.V., vertreten durch den Vorstand, dieser vertreten durch den Vorstandsvorsitzenden Klaus Beispiel, Beispielsweg 1, 12345 Beispielshausen,
- Vertragsschluss mit einer GmbH: Die Beispiels GmbH, vertreten durch den Geschäftsführer Fritz Beispiel, Beispielsstraße 1, 12345 Beispielshausen
- Vertragsschluss mit einer Aktiengesellschaft: Die Beispiels AG, vertreten durch den Vorstand, dieser vertreten durch den Vorstandsvorsitzenden Klaus Beispiel, Beispielsweg 1, 12345 Beispielshausen

## 2. Die Regelungen der Stellvertretung

Besonderes Augenmerk ist bereits im Kopf des Konzertvertrags auf eine etwaige Stellvertretung zu richten. Vertretung i.S.d. §§ 164ff. BGB bedeutet rechtsgeschäftliches Handeln im Namen des Vertretenen mit der Wirkung, dass die Rechtsfolgen unmittelbar in der Person des Vertretenen eintreten.[39]

§ 164 BGB bestimmt, dass eine Willenserklärung, die jemand innerhalb der ihm zustehenden Vertretungsmacht, im Namen des Vertretenen abgibt, unmittelbar für und gegen den Vertretenen wirkt. Die Wirkungen des Rechtsgeschäfts treffen somit, falls die Voraussetzungen einer wirksamen Stellvertretung vorliegen, allein und unmittelbar den Vertretenen. Zwischen dem Vertreter und dem Vertragsgegner entstehen durch das Vertretergeschäft keine Rechtsverhältnisse.[40]

Jede wirksame Stellvertretung setzt Vertretungsmacht voraus. Im Bereich der Konzert- und Veranstaltungsbranche spielt die gesetzliche Vertretungsmacht nur eine untergeordnete Rolle, beispielsweise in den Fällen, in denen minderjährige Künstler zur Wirksamkeit eines Konzertvertrages von ihren Eltern vertreten werden müssen.[41] In der überwiegenden Vielzahl der Fallkonstellationen in der Konzert- und Veranstaltungsbranche erfolgt die Stellvertretung aufgrund einer vorher erteilten Vollmacht. Gemäß § 167 BGB erfolgt die Erteilung der Vollmacht durch Erklärung gegenüber dem zu Bevollmächtigenden oder dem Dritten, demgegenüber die Vertretung stattfinden soll. Die Vollmacht ist die durch Rechtsgeschäft erteilte

Vertretungsmacht; sie wird durch eine einseitige empfangsbedürftige Willenserklärung begründet. Die Bevollmächtigung ist grundsätzlich formfrei, braucht daher nicht schriftlich und kann auch durch schlüssiges Verhalten erfolgen.[42]

Bevollmächtigt beispielsweise eine Musikgruppe (Gesellschaft bürgerlichen Rechts i.S.d. §§ 705ff. BGB) ihren Bandleader (musikalischen Leiter) Konzertverträge abzuschließen, kann dieser Verträge wirksam für seine Musikgruppe abschließen. Das Gleiche gilt für den Konzertagenten oder Manager, wenn dieser von seiner Band insoweit bevollmächtigt wurde. Um spätere Streitigkeiten zu vermeiden und aus Zwecken einer etwaig erforderlichen Beweisbarkeit, sollte die Vollmacht im Regelfall im Rahmen eines Agentur- und/oder Managementvertrags schriftlich erteilt werden. Da die Vollmacht – sofern nichts anderes vereinbart ist – unabhängig von der Laufzeit des Vertrages jederzeit frei widerrufbar ist, sollte sie für die Laufzeit eines Vertrages unwiderruflich erteilt werden.

Gerade in der Konzert- und Veranstaltungsbranche gibt es immer wieder Fallkonstellationen, in welcher Angestellte, freie Mitarbeiter oder nicht bevollmächtigte Azubis für ihr Unternehmen Geschäfte abschließen, die nicht dem tatsächlichen Willen des Geschäftsherren, d.h. des Unternehmers entsprechen.

**Beispiel 1:** Die Inhaberin der Konzertdirektion XY weist ihre seit 3 Wochen in der Konzertdirektion tätige Praktikantin P an, für eine größere Open-Air Veranstaltung eine PA[43] zu mieten. P hat ungehinderten Zugang zu Telefon, Fax und E-Mail der Konzertdirektion. Da P sich verhört hat, mietet sie keine PA, sondern kauft eine solche im Fachhandel per Fax. Das Fax stempelt P eigenhändig ab. Der Verkäufer hat trotz Bitten des Inhabers der Konzertdirektion kein Einsehen und besteht auf Abnahme und Bezahlung des Kaufpreises.

Die immer gleiche Frage in solchen Fallkonstellationen ist, ob der Geschäftsherr (der vermeintlich Vertretene) an das Geschäft gebunden ist oder nicht. In diesem Zusammenhang sei auf die Grundsätze der Rechtscheinsvollmachten, d.h. der so genannten **Duldungs- und Anscheinsvollmacht** hingewiesen. Wer es duldet, dass ein anderer für ihn wie ein Vertreter auftritt, muss sich dessen Verhalten nach den Grundsätzen der Duldungs- oder Anscheinsvollmacht unter gewissen Voraussetzungen auch dann zurechnen lassen, wenn er niemand bevollmächtigen wollte.

Eine Duldungsvollmacht liegt vor, wenn der Vertretene (im obigen Beispielsfall der Inhaber der Konzertdirektion), es wissentlich geschehen lässt, dass ein anderer für ihn wie ein Vertreter auftritt und der Geschäftsgegner dieses Dulden nach Treu und Glauben dahin versteht und auf auch verstehen darf, dass der als Vertreter handelnde bevollmächtigt ist.[44]

Eine Anscheinsvollmacht liegt dagegen vor, wenn der Vertretene das Handeln des Scheinvertreters nicht kennt, er es aber bei Einhaltung der gebotenen Sorgfalt hätte erkennen und verhindern können und der andere Teil annehmen durfte, der Vertretene dulde und billige das Handeln des Vertreters.[45]

In der Praxis der Musik- und Veranstaltungsbranche muss somit wie in allen anderen Branchen auch darauf geachtet werden, dass Personen, die keine Geschäfte abschließen sollen, sich auch nicht wie Geschäftsherren gerieren bzw. gerieren können. Aus diesem Grunde sollte sorgsam überlegt werden, welchen Personen soviel Vertrauen entgegengebracht wird, dass sie mit hausinternen Kommunikationsmitteln wie E-Mail, Fax, Telefon, Geschäftspapier und Stempel ungehindert umgehen dürfen. Die Grundsätze der Duldungs- bzw. Anscheinsvollmacht können bereits bei einer wiederholten Verwendung überlassener Geschäftspapiere oder Firmenstempel erfüllt sein.[46]

**Lösung 1:** Da der Inhaber der Konzertdirektion es geduldet hat, dass sich P wie ein Bevollmächtigter geriert, muss er sich das Verhaltend des P nach den Grundsätzen der sog. Duldungsvollmacht zurechnen lassen.

§ 177 BGB schreibt vor, dass für den Fall, dass jemand **ohne Vertretungsmacht** im Namen eines anderen einen Vertrag schließt, die Wirksamkeit des Vertrages für und gegen den Vertretenen von dessen Genehmigung abhängt. Der zu Unrecht vertretene Geschäftsherr hat also das Recht, die Genehmigung abzulehnen. Gemäß § 179 Abs. 1 BGB ist derjenige, der als Vertreter einen Vertrag geschlossen hat, sofern er nicht seine Vertretungsmacht nachweist, dem anderen Teil, also dem Geschäftsgegner, nach dessen Wahl zu Erfüllung oder zum Schadenersatz verpflichtet, wenn der vertretene Geschäftsherr die Genehmigung des Vertrages verweigert.

### 3. Mehrheit von Vertragspartnern

Nach einer Entscheidung des AG Lünen vom 24. 8. 2000[47] berechtigt der todesfallbedingte Ausfall einer (populären) Musikgruppe den Konzertveranstalter nicht zur Kündigung des Konzertvertrages mit einer zweiten (unbekannten) Band, wenn die Bands auf der Grundlage zweier individueller Konzertverträge verpflichtet wurden. Kündigt er gleichwohl, ist der Konzertveranstalter zur Zahlung von Schadensersatz in Höhe der vereinbarten Gage verpflichtet.

**Praxistipp:** Legt der Veranstalter eines Konzerts (Festivals) Wert darauf, dass der Auftritt einer (unbekannten) Vorgruppe/Band nur stattfinden soll, wenn auch der „Hauptact“, d.h. die bekannte Band auftritt, muss er im Vertrag mit der unbekannten Band eine Klausel vereinbaren, die ihn zum folgenlosen Rücktritt vom Vertrag für den Fall berechtigt, dass die bekannte Band – aus welchen Gründen auch immer – nicht auftritt.

## 4. Die Rechtsnatur des Konzertvertrages

Beim Konzertvertrag zwischen Künstler und Veranstalter handelt es sich nicht um einen Werkvertrag i.S.d. § 631 BGB, sondern um einen Dienstvertrag i.S.d. § 611 BGB.[48] Eine Musikaufführung führt zu keinem bestimmten Erfolg bzw. Werk, vielmehr stellt die Darbietung eine bloße Dienstleistung dar.[49] Verträge, die mit Künstlern auf die Mitwirkung an einer Aufführung gerichtet sind, sind in der Regel Dienst- oder (im Bereich des Bühnenarbeitsrechts) Arbeitsverträge.[50]

Der Dienstvertrag ist ein schuldrechtlicher gegenseitiger Vertrag, durch den sich der eine Teil zur Leistung der versprochenen Dienste (hier des konzertmäßigen Auftritts) und der andere Teil (der Dienstberechtigte; hier: der Veranstalter) zur Leistung der vereinbarten Vergütung verpflichtet.[51] § 611 BGB gibt vor, dass durch den Dienstvertrag derjenige, welcher die Dienste zusagt, zur Leistung der versprochenen Dienste, der andere Teil zur Gewährung der vereinbarten Vergütung verpflichtet wird.

Ein Dienstvertrag kann grundsätzlich formfrei abgeschlossen werden, die Schriftform ist somit nicht erforderlich. Sie empfiehlt sich in der Praxis jedoch aus Gründen der besseren nachträglichen Beweisbarkeit.

Der Dienstvertrag kann einerseits als selbständiger Dienstvertrag abgeschlossen werden, auf der anderen Seite als Arbeitsvertrag. Im Bereich der Konzert- und Veranstaltungsbranche hängt die Tatsache, ob im Einzelfall ein selbständiger Dienstvertrag, ein Arbeitsvertrag oder in Ausnahmefällen sogar ein Werkvertrag vorliegt, von den Umständen des Einzelfalls ab.[52]

Arbeitnehmer ist grundsätzlich derjenige, der aufgrund eines privatrechtlichen Arbeitsverhältnisses weisungsgebunden und in persönlicher Abhängigkeit zum Arbeitgeber zur fremdbestimmten Arbeitsleistung gegen Erhalt einer Vergütung verpflichtet ist.[53] Kurz gesagt: Arbeitnehmer ist derjenige, welcher auf der einen Seite weisungsgebunden und auf der anderen Seite in einem Organisationsbetrieb eingegliedert für seinen Arbeitgeber tätig ist.

Im Bereich der Konzert- und Veranstaltungsbranche kann es sich beispielsweise bei einem Barpianisten, welcher jeden Abend zur gleichen Zeit das ihm vorgegebene Programm in der Hotelbar spielt, ebenso um einen Arbeitsnehmer handeln, wie beim fest angestellten Orchestermusiker eines Opernhauses.

**Beispiel 2:** Die Pianistin P wird im Juni 2007 von einer Reederei für eine vierwöchige Kreuzfahrtreise im August 2007 vertraglich verpflichtet. Der Engagementvertrag enthält u.a. die Regelungen, dass P den Weisungen des Chefstewards und der Schiffsordnung unterliegt, dass sie jeden Abend von 21.00 Uhr bis 24.00 Uhr ein bestimmtes, vorgegebenes Programm zu spielen und sich festlich zu kleiden hat.

Eine Woche vor Auslaufen des Schiffs kündigt die Reederei unter dem Hinweis, man habe ihr zugetragen, dass die Pianistin einigen Kreuzfahrtteilnehmern nicht gefalle, den Vertrag. Vor welchem Gericht muss die Pianistin ihr vertraglich vereinbartes Honorar iHv. 4.500,00 Euro einklagen?

**Lösung 2:** Da P zum einen weisungsgebunden (Schiffsordnung, vorgegebenes Programm, Kleidungsvorschrift) und zum anderen in den Organisationsbetrieb der Reederei, das Schiff, eingebunden ist, handelt es sich bei ihr um eine Arbeitnehmerin. Zuständig für die Honorarklage ist somit ausschließlich das zuständige Arbeitsgericht.

## § 1
## Vertragsgegenstand

**1. Der Künstler wird am 30. 6. 2008 in der Stadthalle Beispielshausen von 20.00 Uhr bis 22.00 Uhr konzertmäßig auftreten.**
**2. Die Spielzeit des Künstlers beträgt mindestens 2 Stunden; zzgl. etwaiger freiwilliger Zugaben.**

### Erläuterungen

In § 1 des Mustervertrages werden die wesentlichen Details des vertragsgegenständlichen Auftritts festgehalten. Dies sind nicht nur das Veranstaltungsdatum und der Veranstaltungsort, sondern auch die exakte Uhrzeit, zu welcher der Auftritt beginnt, sowie die Spiel- und Präsenzzeit des Künstlers. Um Missverständnissen vorzubeugen, sollte auch etwaige Pausenzeiten der Künstler ausdrücklich vereinbart werden.

## § 2
## Künstlergage

**1. Veranstalter zahlt für den Auftritt gem. § 1 folgende Gage:**

| | |
|---|---|
| **2. Eine Festgage iHv.** | **€ 5.000,00** |
| **zzgl. ./. ......% USt. =** | **<u>€ entfällt gem. § 13b UStG</u>** |
| **Gesamtgage** | **€ 5.000,00** |

**3. Darüber hinaus zahlt Veranstalter an Künstler eine weitere Gage in Form einer Beteiligung von 30% an den € 18.000,00 übersteigenden Brutto-Eintrittseinnahmen der vertragsgegenständlichen Veranstaltung.**

**Erläuterungen**



Üblich ist, dass das Künstlerhonorar von vorn herein fest vereinbart wird; meistens in Form eines sog. Fix- oder Festhonorars. Sollte eine solche Vereinbarung im Einzelfall nicht getroffen worden sein, schreibt § 612 BGB vor, dass eine Vergütung als stillschweigend vereinbart gilt, wenn die Dienstleistung den Umständen nach nur gegen eine Vergütung zu erwarten ist.

§ 612 Abs. 2 BGB bestimmt für den (in dieser Branche untypischen) Fall, dass die Höhe der Vergütung nicht bestimmt ist, dass bei dem Bestehen einer Taxe, die taxmäßige Vergütung, in Ermangelung einer Taxe die übliche Vergütung als vereinbart anzusehen ist.

Bezüglich der Honorarhöhe kann zusätzlich zu einem vereinbarten Festhonorar eine Beteiligung des Künstlers an den erzielten Eintrittseinnahmen vereinbart werden. Es kommt auch vor, dass Künstler ausschließlich gegen Zahlung einer Beteiligung an den Eintrittseinnahmen des Veranstalters auftreten.

### 1. Kein Minderungsrecht des Veranstalters

Da es sich – wie oben aufgezeigt – bei dem Vertrag über die Darbietung musikalischer Stücke, den Konzertvertrag, um einen Dienstvertrag i.S.d. § 611 BGB handelt, steht dem Vertragspartner des Künstlers grundsätzlich kein Minderungsrecht zu; ein solches Recht existiert im Gegensatz zum Werkvertragsrecht (§§ 631 ff. BGB) im Recht des Dienstvertrages der §§ 611 ff. BGB nicht.[54]

**Beispiel:** Der Veranstalter V verpflichtet das Künstlerduo K für musikalische Darbietungen zu Silvester 2006. Es ist eine Gage iHv. Euro 1.000,00 vereinbart. K spielt wie vertraglich vereinbart von 21.00 Uhr bis 2.00 Uhr zum Tanz auf. Nach dem Auftritt verweigert V die Zahlung der hälftigen Gage iHv. Euro 500,00, da K nicht „genug Stimmung" gemacht und ihm der Auftritt nicht gefallen habe.

V ist zum Einbehalt der 500,00 Euro, d. h. zur Minderung des Honorars nicht berechtigt, da – abgesehen vom fehlenden Minderungsgrund – die gesetzlichen Regelungen des Dienstvertrags ein Recht zur Minderung nicht vorsehen.[55]

## 2. Die Zahlungsmodalitäten

Hinsichtlich der Gestaltung der Zahlungsmodalitäten sind die Parteien völlig frei. Im angelo-amerikanischen Raum ist eine Vorauszahlung in Höhe von mindestens 50% des Honorars als üblich anzusehen. Die Praxis zeigt, dass populärere Musikgruppen aus USA die Reise nach Europa gar nicht erst antreten, wenn sie nicht mindestens 50% des Honorars als Vorauszahlung erhalten haben. Der kürzlich[56] gestellte Insolvenzantrag eines Hamburger Tourneeveranstalters zeigt, dass dieses Verfahren in der Praxis mit einem erheblichen Risiko verbunden sein kann.

Im europäischen Raum hat sich die Vorauszahlung nur begrenzt durchgesetzt, so dass es üblich ist, die Gage bis zum Veranstaltungstag an den Künstler bzw. seinen Agenten zu überweisen oder am Veranstaltungstag in bar in Empfang zu nehmen. Der Künstler oder sein Bevollmächtigter sollten stets darauf achten, dass die Gage zumindest **vor** Konzertbeginn zur Auszahlung gebracht wird; dies verwehrt dem Veranstalter die Möglichkeit, die Zahlung der Gage nachträglich unter dem Hinweis zu verweigern, der Auftritt habe ihm nicht gefallen.

## 3. Die beschränkte Steuerpflicht ausländischer Künstler und Produktionsgesellschaften der §§ 1 Abs. IV, 49 ff. EStG

Besonderes Augenmerk ist auf § 2 des Muster-Konzertvertrages zu richten, falls die Zahlung des vereinbarten Honorars an ausländische Künstler oder ausländische Produktionsgesellschaften, die der beschränkten Steuerpflicht der §§ 1 Abs. 4, 49 ff. EStG unterliegen, zu erfolgen hat.

**a) Das Welteinkommensprinzip.** Natürliche Personen, die im Inland einen Wohnsitz oder ihren gewöhnlichen Aufenthalt (§§ 8, 9 AO) haben, sind im Inland gemäß § 1 EStG unbeschränkt einkommensteuerpflichtig, d. h. sie versteuern hier ihr Welteinkommen.[57]

Gemäß § 1 Abs. 4 EStG sind natürliche Personen, die im Inland weder einen Wohnsitz noch ihren gewöhnlichen Aufenthalt gemäß den §§ 9 und 9 Abgabenordnung (AO) haben, unter gewissen Voraussetzungen beschränkt einkommensteuerpflichtig, wenn sie inländische Einkünfte im Sinne des § 49 EStG haben.

**Beispiel 3 (Der populäre Rockmusiker):** B. verlegt seinen festen Wohnsitz vermeintlich ins Steuerparadies Monaco. Steuererklärungen im Inland gibt er nicht ab. Seine Ehefrau E wohnt mit dem gemeinsamen Kind K in einer Villa im Münchener Stadtteil S. Da dem Finanzamt München bekannt ist, dass B. öfters in München weilt, wird ein Finanzbeamter abkommandiert, vor Ort die Anwesenheitstage von B. in München pro Jahr zu ermitteln. Am 184. aufeinanderfolgenden Tag seiner Anwesenheit in München wird B. festgenommen.

**Lösung 3:** Die Festnahme des B. erfolgte wegen Steuerhinterziehung. Da sich B. mehr als die Hälfte des Jahres im Inland aufhielt, hatte er seinen ständigen Aufenthalt im Inland und war damit in Deutschland unbeschränkt einkommensteuerpflichtig. Da er seine Steuern hier nicht erklärte, war er wegen Steuerhinterziehung anzuklagen und aufgrund bestehender Fluchtgefahr vorübergehend festzunehmen.

**b) Inländische Einkünfte iSd. § 49 Abs. 1 EStG.** Gemäß **§ 49 EStG** sind inländische Einkünfte im Sinne der beschränkten Einkommensteuerpflicht im hier relevanten Bereich u. a.

2. Einkünfte aus Gewerbetrieb,
   a) für den im Inland eine Betriebsstätte unterhalten wird oder ein ständiger Vertreter bestellt ist,
   ......
   d) die, soweit sie nicht zu den Einkünften im Sinne der Nummern 3 und 4 gehören, durch im Inland ausgeübte oder verwertete künstlerische, sportliche, artistische oder ähnliche Darbietungen erzielt werden, einschließlich der Einkünfte aus anderen mit diesen Leistungen zusammenhängenden Leistungen, unabhängig davon, wem die Einnahmen zufließen,
3. Einkünfte aus selbständiger Arbeit, die im Inland ausgeübt oder verwertet wird oder worden ist, oder für die im Inland eine feste Einrichtung oder eine Betriebsstätte unterhalten wird,
4. Einkünfte aus nichtselbständiger Arbeit (§ 19), die
   a) im Inland ausgeübt oder verwertet wird oder worden ist.

Im Bereich der Konzert- und Veranstaltungsbranche in welcher es um Darbietungen ausübender Künstler geht, kommen als Steuertatbestände somit vorwiegend
- § 49 Abs. 1 Nr. 2 d EStG
- § 49 Abs. 1 Nr. 3 EStG und
- § 49 Abs. 1 Nr. 4 EStG

in Betracht. Verkürzt auf einen Nenner gebracht sind dies

- Einkünfte aus **Gewerbebetrieb** durch im Inland ausgeübte oder verwertete künstlerische, sportliche, artistische oder ähnliche Darbietungen (§ 49 Abs. 1 Nr. 2d EStG);
- Einkünfte aus **selbständiger** Arbeit, die im Inland ausgeübt oder verwertet wird (§ 49 Abs. 1 Nr. 3 EStG);
- Einkünfte aus **unselbständiger Arbeit,** die im Inland ausgeübt oder verwertet wird (§ 49 Abs. 1 Nr. 4 EStG).

**Beispiele 4:** Der Konzertvertrag besteht zwischen dem ausländischen Rockmusiker K und dem inländischen Veranstalter V.

Der Konzertvertrag wurde zwischen dem ausländischen Künstler K und der ausländischen Produktionsgesellschaft P-ltd. (einer der GmbH vergleichbaren Gesellschaft mit beschränkter Haftung) abgeschlossen, die den Künstler im Rahmen eines Gastspielvertrages dann an den inländischen Veranstalter V liefert. V hat vertragliche Beziehungen nur zur P-ltd.

Die brasilianische Pianistin BP mit Wohnsitz in Brasilien wird von der inländischen H-GmbH, die in Berlin das Hotel H betreibt, für 3 Monate als Barpianistin engagiert. BP ist an ein bestimmtes Programm, die Hotel- und eine Kleiderordnung gebunden.

**Lösungen 4:** K erzielt Einkünfte aus selbständiger künstlerischer (freiberuflicher) Arbeit (§ 18 EStG). Der Steuertatbestand des § 49 Abs. 1 Nr. 3 EStG ist erfüllt.

Da eine juristische Person als solche keine Einkünfte aus selbständiger, sondern nur aus gewerblicher Tätigkeit erzielen kann, ist im Falle der P-ltd. der Tatbestand des § 49 Abs. 1 Nr. 2d EStG erfüllt. Die P-ltd. erzielt somit beschränkt steuerpflichtige gewerbliche Einkünfte.

Bei BP handelt es sich aufgrund deren Weisungsgebundenheit und Eingliederung in den Organisationsbetrieb des Hotels um eine Arbeitnehmerin. Aus diesem Grunde ist der Steuertatbestand des § 49 Abs. 1 Nr. 4 EStG erfüllt.

Im Bereich der Konzertbranche ist das Tatbestandsmerkmal „selbständige künstlerische Tätigkeit" i.S.d. § 18 EStG meist problemlos zu bejahen. Zu Grenzfällen kann es beispielsweise bei Humoristen kommen. Ein beim Karneval, bei Betriebsfeiern, Vereinsfesten und ähnlichen Veranstaltungen auftretender Humorist übt nach der Auffassung des FG Düsseldorf[58] eine künstlerische und damit freiberufliche Tätigkeit aus, wenn er das Kostüm, die Requisiten und die Art und Weise der selbstgeschriebenen Darbietung selbst kreiert und individuell auf das Publikum abgestimmt hat.

c) **Der Steuerabzug des § 50a EStG.** Gemäß § 50a Abs. 4 EStG wird die Einkommensteuer für beschränkt Steuerpflichtige (im Fachjargon „Ausländersteuer" genannt) im Wege des Steuerabzugs erhoben.

Das Steuergesetz unterscheidet im Bereich der beschränkten Steuerpflicht zwischen Steuerschuldner und Haftungsschuldner. Der Schuldner der Vergütungen (der inländische Veranstalter, Vergütungsschuldner und Haftungsschuldner) hat den Steuerabzug für Rechnung des beschränkt steuerpflichtigen Gläubigers (der Künstler,

Steuerschuldner, Vergütungsgläubiger) vorzunehmen und an das für ihn zuständige Finanzamt abzuführen.

**Beispiel 5:**

| | | | | |
|---|---|---|---|---|
| inländischer Veranstalter | = | Vergütungsschuldner | = | Haftungsschuldner |
| Ausländischer Künstler | = | Vergütungsgläubiger | = | Steuerschuldner |

Der Schuldner der Vergütungen ist verpflichtet, dem beschränkt steuerpflichtigen Gläubiger auf Verlangen eine Steuerbescheinigung gemäß § 50a Abs. 5 Satz 7 EStG zu erteilen. Das Muster dieser Steuerbescheinigung ist auf der Website des Bundeszentralamtes für Steuern erhältlich.[59]

Solange das Urteil des Europäischen Gerichtshofs (Große Kammer) vom 3. 10. 2006[60] noch nicht in deutsches Recht umgesetzt ist, unterliegt dem Steuerabzug für beschränkt Steuerpflichtige gemäß § 50a Abs. 4 Satz 2 EStG der volle Betrag der Einnahmen einschließlich der Beträge im Sinne der § 3 Nr. 13 und 16 EStG. Abzüge z.B. für Betriebsausgaben, Werbungskosten, Sonderausgaben und Steuern sind nur nach dem BMF-Schreiben vom 5. 4. 2007 zulässig.

**d) Die Steuersätze.** Der Steuerabzug beträgt (seit dem 1. 1. 2003) 20 vom Hundert der Einnahmen. Bei im Inland ausgeübten künstlerischen, sportlichen, artistischen oder ähnlichen Darbietungen beträgt er bei Einnahmen

- bis EUR 250,00: 0 vom Hundert;
- über EUR 250,00 bis EUR 500,00: 10 vom Hundert der gesamten Einnahmen;
- über EUR 500,00 bis EUR 1.000,00: 15 vom Hundert der gesamten Einnahmen;
- über EUR 1.000,00: 20 vom Hundert der gesamten Einnahmen.

Gemäß § 50a Abs. 5 Satz 1 EStG entsteht die Steuer zu dem Zeitpunkt, in dem die Vergütungen dem Gläubiger zufließen. Zu diesem Zeitpunkt hat der Schuldner der Vergütungen den Steuerabzug für Rechnung des beschränkt steuerpflichtigen Gläubigers (Steuerschuldners) vorzunehmen, § 50a Abs. 5 Satz 2 EStG. Gemäß Satz 3 dieser Vorschrift hat er die innerhalb eines Kalendervierteljahres einbehaltene Steuer jeweils bis zum 10. des dem Kalendervierteljahr folgenden Monats an das für ihn zuständige Finanzamt abzuführen.

**Beispiel 5:** Der inländische Veranstalter zahlt dem ausländischen Künstler die Vergütung für einen Auftritt am 13. Januar am Tag des Auftritts. Der Veranstalter hat die einbehaltene Steuer als Haftungsschuldner gem. § 50a Abs. 5 Satz 3 EStG bis spätestens 10. April anzumelden und an das für ihn zuständige Finanzamt abzuführen.

### 4. Die Freistellung vom Steuerabzug

**a) Freistellungsmöglichkeit gemäß § 50 Abs. 7 EStG (Kulturorchestererlass).**[61] Gemäß § 50 Abs. 7 EStG können die obersten Finanzbehörden der Länder oder die von ihnen beauftragten Finanzbehörden mit Zustimmung des Bundesministeriums der Finanzen die Einkommensteuer bei beschränkt Steuerpflichtigen ganz oder zum Teil erlassen oder in einem Pauschbetrag festsetzen, wenn es aus volkswirtschaftlichen Gründen zweckmäßig ist oder eine gesonderte Berechnung der Einkünfte besonders schwierig ist.

Die Erlassentscheidung gemäß § 50 Abs. 7 EStG ist eine Ermessensentscheidung der Finanzverwaltung, die gemäß § 102 FGO grundsätzlich nur eingeschränkter gerichtlicher Nachprüfung unterliegt, d.h. die Erlassentscheidung darf vom Finanzgericht nur darauf hin überprüft werden, ob sie rechtswidrig ist, weil die Behörde den entscheidungserheblichen Sachverhalt nicht einwandfrei und erschöpfend ermittelt, die gesetzlichen Grenzen des Ermessens überschritten oder von dem Ermessen in einer dem Zweck der Ermächtigung nicht entsprechenden Weise Gebrauch gemacht hat.[62]

Bei der Anwendung dieser Vorschrift sind auch wettbewerbs- sowie kultur- und sportpolitische Aspekte zu berücksichtigen.[63] Danach kann ein Erlass oder eine Steuerermäßigung für im internationalen Wettbewerb stehende Großveranstaltungen (z.B. Europa- oder Weltmeisterschaften, Olympische Spiele etc.) in Betracht kommen. Auch ausländische Kulturvereinigungen, die nicht bereits aufgrund der Vorschriften eines DBA vom Steuerabzug nach § 50a Abs. 4 EStG freizustellen sind, können unter bestimmten Voraussetzungen nach § 50 Abs. 7 EStG von der inländischen Einkommensteuer befreit werden.

Zuständig für diese Freistellung ist nicht das Bundeszentralamt für Steuern (ehemaliges Bundesamt für Finanzen), sondern das Finanzamt. Weitere Einzelheiten hierzu sind dem BMF-Schreiben vom 20. 7. 1983, dem sogenannten „Kulturorchestererlass" zu entnehmen.[64]

Beispielsweise führt die **OFD Berlin** in Anwendung vorgenannten Kulturorchestererlasses hierzu wie folgt aus:[65]

„Ausländische Kulturvereinigungen sind soweit eine Freistellung im Inland nicht schon nach den Vorschriften eines DBA zu erfolgen hat, von der inländischen Einkommensteuer nach § 50 Abs. 7 EStG freizustellen, wenn ihr Auftritt im Inland wesentlich aus in- oder ausländischen Mitteln gefördert wird.

Bei ausländischen Solisten bzw. solistisch besetzten Ensembles ist keine Freistellung nach dem sogenannten Kulturerlass möglich.

Aus gegebener Veranlassung bitte ich, zu den Problemfeldern „unmittelbare Förderung durch öffentliche Mittel“ und „Abgrenzung zwischen Solisten bzw. solistisch besetzten Ensembles und Kulturvereinigungen“ folgende Auffassung zu vertreten:

1. Unmittelbare Förderung durch öffentliche Mittel

Keine öffentlichen Mittel im Sinne des obigen Erlasses sind Beträge, die aus einem öffentlichen Haushalt z. B. einer gemeinnützigen Körperschaft gewährt werden, die sie ihrerseits im Bedarfsfall an Kulturvereinigungen weitergibt; denn hier sind die öffentlichen Mittel in das Vermögen der Körperschaft eingegangen und stellen sich bei der Weitergabe an eine Kulturvereinigung nicht mehr unmittelbar als öffentliche Mittel dar. Außerdem wäre in einem derartigen Fall der allgemeinen Förderung die öffentliche Stelle, die die Mittel vergeben hat, nicht in der Lage, die öffentliche Förderung zur bescheinigen, weil sie die Rechnungslegung der gemeinnützigen Körperschaft über die Verwendung der Mittel erst nachträglich empfängt.

Wird der konkrete Auftritt einer ausländischen Kulturvereinigung hingegen speziell mit öffentlichen Mitteln gefördert, so ist es unerheblich, ob der Veranstalter eine öffentliche oder eine private Einrichtung ist. In diesen Fällen kann die Förderungsbehörde ohne Weiteres eine Bescheinigung über die öffentliche Förderung ausstellen.

Die Prüfung, ob eine allgemeine oder spezielle (und somit unmittelbare) Förderung vorliegt, ist insbesondere bei Kulturgesellschaften, Volkshochschule, Hallenbetreiber-GmbHs und sämtlichen gemeinnützigen Vereinen geboten.

2. Solisten bzw. solistische besetzte Ensembles

Zur Frage, wann es sich bei einem Künstler um einen Solisten handelt, ist auf die Bedeutung seiner künstlerischen Leistung innerhalb der Kulturvereinigung abzustellen.

Somit sind insbesondere die Künstler als Solisten anzusehen, die nicht durch ein anderes Mitglied der Vereinigung ersetzt werden können bzw. die der Gesamtleistung ihr Gepräge geben (z. B. Sänger mit begleitender Band oder Orchester, Tänzer mit Musikgruppe, Klavier- oder Violinenvirtuose mit Orchester, etc.). Ähnliche Maßstäbe sind bei solistisch besetzten Ensembles anzuwenden.

Erreicht die künstlerische Anforderung an die Mitglieder einer Kulturvereinigung ein dem Solisten vergleichbares Niveau, ist das Ensemble als solistisch besetzt einzustufen. Dies wird im Regelfall nur bei Gruppen bis zu acht Mitgliedern der Fall sein. Unerheblich bei dieser Prüfung ist die Tatsache, ob ein Instrument oder eine Stimme mehrfach besetzt ist.

Die klassischen Beispiele der solistisch besetzten Ensembles sind Duos, Trios, Quartette, Quintette, Sextette, Septette oder Oktette für Streicher (Violine, Bratsche, Cello, Kontrabass) und/oder Bläser (Flöte, Klarinette, Fagott, Oboe, Trompete, Posaune, Tuba, Horn, Saxophon, etc.) und/oder Klavier, Gitarre, Akkordeon, Orgel, Harfe, Cembalo, etc.

Auch im Bereich des Jazz ist grundsätzlich bei einer Gruppenstärke von bis zu acht Personen von einem solistischen besetzten Ensembles auszugehen.

Erkenntnisse zu der Frage, ob die Kulturvereinigung durch einen Solisten geprägt wird oder ob es sich um ein solistisch besetztes Ensembles handelt, lassen sich regelmäßig den Werbeanzeigen (wird eine bestimmte Person in den Vordergrund gestellt?) oder aber dem Programmheft entnehmen.

Ein von der OFD Berlin erstellter Frage- und Auswertungsbogen soll der Arbeitsvereinfachung in diesem Bereich dienen und kann als Kopiervorlage verwandt werden."

Nach einer Entscheidung des BFH aus dem Jahre 2004[66] kann einen Erlass gem. § 50 Abs. 7 EStG, wenn die dem Steuerabzug unterliegenden Einkünfte von einer Personenvereinigung (Tanzensemble) erzielt wurden, nicht diese Vereinigung selbst erstreiten. Klagebefugt sind insoweit nur die Mitglieder der Vereinigung.

Kein Erlass der „Ausländersteuer" gem. § 50 Absatz 7 EStG kommt nach der Auffassung des FG Düsseldorf[67] im Falle eines Tanzensembles in Betracht. Anhaltspunkte für „volkswirtschaftliche Gründe", die einen Erlass der einzubehaltenden Einkommensteuer gemäß § 50 Abs. 7 EStG rechtfertigen, seien bei den Auftritten eines Tanzensembles nicht ersichtlich. Der Auftritt des aus der Schweiz stammenden Tanzensembles wurde vom Ansässigkeitsstaat der Künstler (Schweiz) zwar gefördert; jedoch erreichte die Höhe der Förderung keinen „erheblichen Umfang" i.S.d. Art. 17 Abs. 2 DBA Deutschland-Schweiz, da sie weniger als $1/3$ der Gesamtmittel ausmachten.[68]

Aus der Entstehungsgeschichte von § 50 Abs. 7 EStG lasse sich ableiten, dass **volkswirtschaftliche Gründe,** die einen Erlass oder eine Pauschalierung rechtfertigen, vorliegen, wenn die Allgemeinheit von der Tätigkeit des Steuerpflichtigen durch die nachhaltige Förderung gesamtwirtschaftlicher Ziele im Inland einen über das Normalmaß hinausgehenden Vorteil hat.[69]

Das Bundesverfassungsgericht hat in seiner Entscheidung vom 19. 4. 1978[70] zum Begriff „volkswirtschaftliche Gründe" in § 34c Abs. 3 EStG 1956, der dem heutigen das gleiche Tatbestandsmerkmal verwendenden § 34c Abs. 5 EStG entspricht, entschieden, dass dieser Begriff unter Berücksichtigung von Sinnzusammenhang, Zielsetzung und Entstehungsgeschichte hinreichend konkretisiert und damit auf Ausnahmefälle beschränkt sei, d.h. auf die Regelung von besonderen Sachverhalten, die im Hinblick auf ihre Abhängigkeit von jeweiligen ausländischen handels- und wirtschaftspolitischen Maßnahmen zum Schutz der eigenen Volkswirtschaft eine schnelle, auf den Einzelfall bezogene entlastende Reaktion der Finanzbehörde erforderten, Entscheidungen, die der Gesetzgeber selbst von der Natur der Sache her zu treffen außerstande sei.[71]

Nach Ansicht des erkennenden Senats ist Mindestvoraussetzung für die Annahme eines volkswirtschaftlichen Grundes als Voraussetzung für einen Steuererlass, dass die Tätigkeit des beschränkt Steuerpflichtigen sich überhaupt auf die volkswirtschaftliche Entwicklung auswirken kann, wie das z.B. bei der Fußballweltmeisterschaft 2006 der Fall ist. Eine entsprechende Prognose für eine kulturelle oder sportliche Veranstaltung ist – so das FG Düsseldorf –

auf Grundlage der zu erwartenden Besucherzahlen und dem damit korrespondierenden verstärkten privaten Konsum sowie der durch die Veranstaltung ausgelösten privaten Investitionen zu machen. Außerdem müsse es sich um eine Veranstaltung handeln, deren wirtschaftliche Auswirkung nicht lediglich lokal begrenzt sei.[72]

Nach einer Entscheidung des FG Düsseldorf[73] aus dem Jahre 2003 sei der Kulturorchestererlass durch die Ermächtigungsgrundlage des § 50 Abs. 7 EStG nicht gedeckt, da zweifelhaft sei, an welches Tatbestandsmerkmal der Vorschrift das Schreiben anknüpfe und warum der Erlass der Abzugssteuer bei öffentlich geförderten Kulturvereinigungen aus volkswirtschaftlichen Gründen zweckmäßig ist, bei Solisten, solistisch besetzten Ensembles und nicht öffentlich geförderten Kulturvereinigungen hingegen nicht. Das BMF-Schreiben könne daher nicht als Rechtsgrundlage für die von einem Schweizer Tanzensemble begehrte Freistellung vom Steuerabzug nach § 50a Abs. 4 Satz 1 Nr. 2 EStG dienen.[74]

Hinzuweisen ist auf die Ausführungen des **FG Düsseldorf** zum Tatbestandsmerkmal „Kulturvereinigung“ und zu den verschiedenen OFD-Verfügungen zu diesem Begriff:

„Zweifelhaft ist jedoch, ob die Klägerin eine Kulturvereinigung im Sinne des BMF-Schreibens ist. Gemäß dem BMF-Schreiben gilt als Kulturvereinigung jede Gruppierung, die eine künstlerische Gemeinschaftsleistung darbietet (z.B. Theater, Musik, Tanz), sofern es sich nicht um Solisten handelt. Solisten im Sinne der Regelung sind Künstler, die einzeln oder in solistisch besetzten Ensembles (z.B. Duo, Trio, Quartett) auftreten. Die Abgrenzung zwischen Kulturvereinigungen und solistisch besetztem Ensemble soll nach Ansicht der Finanzverwaltung nicht allein aufgrund der Anzahl der Künstler erfolgen, entscheidend sollen vielmehr die Umstände des Einzelfalls sein.[75] Ein Ensemble soll dann als solistisch besetzt einzustufen sein, wenn die künstlerischen Anforderungen an die Mitglieder einer Kulturvereinigung ein dem Solisten vergleichbares Niveau erreichen.[76] Dass diese Abgrenzung nicht praktikabel ist, zeigt sich bereits daran, dass gem. der Verfügung der OFD-Berlin[77] bei einem Jazz-Ensemble mit einer Gruppenstärke von bis zu acht Personen grundsätzlich von einem solistisch besetzten Ensemble auszugehen ist, während gemäß der Verfügung der OFD München[78] bei Jazz-Ensemblen grundsätzlich von Kulturvereinigungen auszugehen ist.“

Da das erkennende Gericht die Regelungen des BMF-Schreibens vom 20. Juli 1983 als nicht vom Zweck des § 50 Abs. VII EStG gedeckt einstufte, ließ es die Frage offen, ob der Ausschluss von Solisten und solistisch besetzten Ensembles mit dem aus Artikel 3 Abs. 1 GG abgeleiteten allgemeinen Gebot folgerichtiger Ausgestaltung steuerlicher Be- und Entlastungsgrundentscheidungen zu vereinbaren ist.[79]

Gegen das Urteil des FG Düsseldorf wurde Revision eingelegt.[80]

**b) Freistellung nach Doppelbesteuerungsabkommen (DBA; vgl. Merkblatt d. ehem. BA f. Finanzen, St II 4-5 1300 – 17/02; BMF-**

**Merkblatt v. 7. 5. 2002, IV B 4-5 2293 – 26/02; www.bzst.bund.de m. w. N.).** Das Bundeszentralamt für Steuern[81] ist für die Entlastung (Erstattung oder Freistellung) von der Abzugssteuer im Sinne von § 50a Abs. 4 EStG aufgrund von Doppelbesteuerungsabkommen (DBA) zuständig (§ 5 Abs. 1 Nr. 2 Finanzverwaltungsgesetz i. V. m. § 50d EStG).

Ob eine beschränkte Steuerpflicht inländischer Einkünfte nach § 49 Abs. 1 EStG vorliegt und für diese Einkünfte Abzugssteuer gemäß § 50a Abs. 4 EStG einzubehalten und abzuführen ist, stellt ausschließlich das für den Vergütungsschuldner zuständige Finanzamt fest.

Ist in einem Doppelbesteuerungsabkommen mit einem Staat, in dem der beschränkt steuerpflichtige Künstler ansässig ist, festgelegt, dass die abzugspflichtigen Einkünfte in der Bundesrepublik Deutschland nicht besteuert werden können, darf der Vergütungsschuldner, d. h. der inländische Veranstalter, den Steuerabzug nur dann unterlassen, wenn das Bundeszentralamt für Steuern eine entsprechende Bescheinigung erteilt hat (vgl. § 50d Abs. 2 EStG).

**Zuweisung des Besteuerungsrechts im Falle von Darbietungen ausübender Künstler an die Bundesrepublik Deutschland:** Entsprechend der Regelungen in Artikel 17 OECD-Musterabkommen weisen alle zur Zeit geltenden DBA das Besteuerungsrecht für Vergütungen inländischer Honorarschuldner an beschränkt Steuerpflichtige sogenannte vortragende oder darbietende Künstler sowie an Sportler für Inlandsauftritte grundsätzlich der Bundesrepublik Deutschland zu. Dann wird kein Freistellungsbescheid/keine Erstattungsbescheinigung vom Bundeszentralamt für Steuern erteilt.[82]

**Sonderfall USA: Art. 17 Abs. 1 DBA-Deutschland-USA.** In den USA ansässigen Künstlern und Sportlern, die Einkünfte aus Darbietungen im Inland erzielt haben, kann am Ende des betreffenden Kalenderjahres der abgeführte Steuerabzug **erstattet** werden, wenn ihre Gage inklusive Kostenersatz und sonstigen Zuwendungen im fraglichen Kalenderjahr US-$ 20000,00 nicht überschritten hat.[83]

Der Erstattungsantrag kann erst nachträglich mit Ablauf des Kalenderjahres gestellt werden. Dieser Antrag ist nur für Künstler oder Sportler möglich, die Einkünfte aus selbständiger Tätigkeit erzielen. Eine Antragstellung für Bühnensänger oder Schauspieler, die bei einem deutschen Theater angestellt sind, ist nicht möglich.

**Zuweisung des Besteuerungsrechts an den Wohnsitzstaat.** Einige DBA sehen vor, dass das Besteuerungsrecht beim Wohnsitzstaat des ausübenden Künstlers oder Sportlers verbleibt, d. h. dass die Bundesrepublik Deutschland in diesen Fällen auf ihr Besteuerungsrecht verzichtet. Es handelt sich um folgende Fälle:

– Kulturaustausch: Der Künstler bzw. Sportler tritt im Inland im Rahmen eines von den Vertragsstaaten gebilligten offiziellen Kulturaustausch auf. Diese Klausel findet sich derzeit[84] in DBA mit

| | | | |
|---|---|---|---|
| Bulgarien | Vietnam | Tschechien | Jugoslawien (Nachfolgestaaten) |
| China | Slowakei | Ungarn | |

– Subventionierung aus öffentlichen Mitteln des Entsendestaates: Der Auftritt des Künstlers oder Sportlers wird wesentlich (zumindest zu einem Drittel) oder ganz aus öffentlichen Mitteln des Entsendestaates (Wohnsitzstaat) subventioniert. Diese Unterstützung muss einen bestimmten Umfang erreichen. Nach dem meisten DBA muss der Aufenthalt des Künstlers/Sportlers ganz oder in wesentlichem Umfang von dem Entsendestaat getragen werden. Diese Klausel findet sich in folgenden DBA:

| | | |
|---|---|---|
| Ägypten | Kuwait | Sambia |
| Argentinien | Lettland | Schweden |
| Bangladesh | Litauen | Schweiz |
| Bolivien | Malaysia | Singapur |
| Bulgarien | Malta | Sri Lanka |
| Dänemark | Mauritius | Tadschikistan |
| Ecuador | Mexiko | Thailand |
| Elfenbeinküste | Mongolei | Türkei |
| Republik Estland | Namibia | Russland |
| Indien | Norwegen | Ukraine |
| Indonesien | Österreich | Ungarn |
| Italien | Pakistan | Uruguay |
| Kanada | Polen | USA |
| Kasachstan | Philippinen | Venezuela |
| Kenia | Rumänien | Vereinige Arabische |
| Korea, Republik | Russische Föderation | Emirate |

– Nachweis der Förderung aus öffentlichen Mitteln und Nachweis des Kulturaustauschs: Der Nachweis der Förderung aus öffentlichen Mitteln ist durch eine Bescheinigung einer staatlichen Institution (im Falle der Förderung aus öffentlichen Mitteln: der Förderungsbehörde) oder der diplomatischen oder einer konsularischen Vertretung des Herkunftslandes des Künstlers oder Sportlers nachzuweisen, in welchem Umfang der konkrete Auftritt aus öffentlichen Mitteln gefördert wird oder das der Auftritt im Rahmen des Kulturaustauschs stattfindet.

**Vortragende Künstler.** Vortragende Künstler im DBA-Sinne sind nur solche, die unmittelbar oder mittelbar über Medien in der Öffentlichkeit auftreten. Beispielsweise gehören dazu Bühnen- und Filmschauspieler, Sänger, Tänzer, Musiker, Dirigenten und Moderatoren.

Personen, die Kunst in anderer Form ausüben (wie z.B. Komponisten, Choreographen, Regisseure, Bühnenbildner oder Lichtdesigner) werden nicht von den an Artikel 17 OECD-Musterabkommen orientierten DBA-Regelungen erfasst. Für diese gelten vorgenannte Ausführungen nicht. Hier sind vielmehr die Einzelregelungen der DBA zu selbständiger bzw. nichtselbständiger Arbeit einschlägig.

**Das Entlastungsverfahren.** Die Entlastung vom deutschen Steuerabzug für beschränkt Steuerpflichtige wird entweder durch Erstattung der bereits abgeführten Steuerbeträge (§ 50d Abs. 1 EStG) oder – vor Zahlung der Vergütung an den Gläubiger der Vergütung – durch Freistellung vom Steuerabzug (§ 50d Abs. 2 EStG) herbeigeführt.[85]

Das Bundeszentralamt für Steuern bescheinigt auf Antrag die volle oder teilweise Freistellung vom Steuerabzug für beschränkt Steuerpflichtige gemäß § 50a Abs. 4 EStG.

Das Verfahren zur Erlangung einer Freistellungsbescheinigung ist im Einkommensteuergesetz in § 50d Abs. 2 EStG geregelt. Im Einzelnen gilt Folgendes:

- Die Freistellungsbescheinigung wird nur auf schriftlichen Antrag nach amtlich vorgeschriebenen Vordruck erteilt.
- Der Antrag ist vom Künstler oder Sportler zu stellen. Er kann auch von einem bevollmächtigten Dritten (z.B. vom Schuldner der Vergütung) gestellt werden, wenn der Gläubiger ihn hierzu schriftlich bevollmächtigt hat und die Vollmacht dem Bundeszentralamt für Steuern vorgelegt wird.
- Die Geltungsdauer der Freistellungsbescheinigung beginnt frühestens an dem Tag, an dem der Antrag beim Bundeszentralamt für Steuern eingeht.
- Die Erteilung rückwirkender Freistellungsbescheinigungen, über den Tag des Antragseingangs hinaus, ist nicht möglich.
- Voraussetzung für die Berechtigung, den Steuerabzug zu unterlassen, ist, dass dem Schuldner der Vergütung, d.h. dem inländischen Veranstalter, die Freistellungsbescheinigung zum Zeitpunkt der Zahlung vorliegt. Der Antrag sollte daher rechtzeitig vor Beginn des beantragten Freistellungszeitraums, d.h. möglichst vor Abschluss des Konzertvertrages gestellt werden.
- Der Künstler bzw. Sportler hat durch eine Bestätigung der zuständigen Steuerbehörde seines Wohnsitzstaates nachzuweisen, dass er dort ansässig ist (§ 50d Abs. 4 EStG). Um sicherzustellen, dass die Steuerbehörde des Vergütungsgläubigers von dem Antrag und den darin erklärten Einkünften der Bundesrepublik Deutschland Kenntnis erlangt, hat die Bestätigung auf der Rückseite des Antragsvordrucks zu erfolgen. Bestätigungen auf einem gesonderten Blatt oder solcher einer Stadt bzw. Gemeindeverwaltung (z.B. Einwohnermeldeamt, Stadt- bzw. Gemeindekasse) werden nicht anerkannt.

- Eine Ausnahme gilt im Verhältnis Deutschland – USA. In den USA ansässige Antragsteller geben ihre „social-security-number" (natürliche Personen) oder ihre „employer-identification-number" (Unternehmen, sonstige Rechtsgebilde) sowie die US-Steuerbehörde an, bei der die letzte amerikanische Einkommensteuererklärung eingereicht wurde. Die US-Steuerbehörde IRS erstellt Ansässigkeitsbescheinigungen, die dem Freistellungsantrag beizufügen sind.[86] Bei Antragstellung ist dem Antrag eine Kopie des Vertrages mit dem Schuldner der Vergütung beizufügen.

Sofern ein DBA vorsieht, dass Einkünfte, die grundsätzlich dem Steuerabzug unterliegen, nicht im Inland besteuert werden, kann nach § 50d Abs. 1 EStG die **Erstattung** der einbehaltenen und abgeführten Steuer beantragt werden. Dies setzt im Einzelnen Folgendes voraus:

- Die Erstattung wird nur auf schriftlichen Antrag nach amtlich vorgeschriebenem Vordruck erteilt. Der Erstattungsantrag kann mit dem Freistellungsantrag für künftige Zahlungen verbunden werden. Der amtliche Vordruck für die Beantragung einer Freistellungsbescheinigung ist in diesem Fall um den zu erstattenden Steuerbetrag und um die Angabe der Bankverbindung zu ergänzen.
- Der Antrag ist vom Gläubiger der Vergütungen (vom ausländischen Künstler oder der ausländischen Produktionsgesellschaft) zu stellen. Er kann auch von einem Dritten (z.B. Schuldner der Vergütungen) gestellt werden, wenn der Gläubiger ihn hierzu schriftlich bevollmächtigt hat und die Vollmacht dem Bundeszentralamt für Steuern vorgelegt wird.
- Für Zeiträume vor Gültigkeit einer bereits erteilten Freistellungsbescheinigung kann die Erstattung in einem formlosen Schreiben beantragt werden.
- Dem Erstattungsantrag ist die Steuerbescheinigung des Schuldners der Vergütung beizufügen. Nach § 50a Abs. 5 Satz 7 EStG ist der Schuldner der Vergütung verpflichtet, dem beschränkt steuerpflichtigen Gläubiger der Vergütung auf dessen Verlangen die geforderten Angaben zu bescheinigen.
- Die Abführung der Steuerbeträge an das jeweils zuständige Finanzamt ist unabdingbare Voraussetzung für eine Erstattung der Steuerabzugsbeträge.
- Der Erstattungsbetrag steht steuerrechtlich dem Gläubiger der Vergütung zu. Eine Auszahlung an Dritte ist nur möglich, wenn eine entsprechende (Inkasso-)Vollmacht oder eine Abtretungserklärung eingereicht wird.
- Dem Erstattungsantrag ist eine Kopie des Vertrages beizufügen.

Die **Frist** für den Antrag auf Erstattung beträgt vier Jahre nach Ablauf des Kalenderjahres, in dem die Vergütungen bezogen worden sind. Die Frist endet nicht vor Ablauf von sechs Monaten nach dem Zeitpunkt der Entrichtung der Steuer (§ 50d Abs. 1 Sätze 7 und 8 EStG).

Das Bundeszentralamt für Steuern ist grundsätzlich für die Erstattungen aufgrund von DBA zuständig (§ 5 Abs. 1 Nr. 2 FVG). Die **Zuständigkeit** des Bundeszentralamtes für Steuern ist jedoch nicht gegeben, wenn es auf entsprechenden Antrag hin die Freistellungsbescheinigung erteilt hat und die Abzugssteuer für beschränkt Steuerpflichtige erst nach diesem Zeitpunkt angemeldet und abgeführt worden ist. Sofern der Steuerabzug trotz fehlender Verpflichtungen vorgenommen wurde, sind die Steueranmeldungen zu berichtigen und die zu Unrecht einbehaltenen und abgeführten Beträge durch das Finanzamt zu erstatten (§ 37 Abs. 2 AO).

Der Schuldner der Vergütung haftet für die Einbehaltung und Abführung der Steuer, die mit Zufluss der Vergütung entsteht (§ 50a Abs. 5 EStG). Die **Steuerfestsetzungsfrist** beträgt grundsätzlich vier Jahre (§ 169 Abs. 2 Nr. 2 AO) und beginnt mit Ablauf des Jahres, in dem die Steuer entstanden ist (§ 170 Abs. 1 AO). Gleichzeitig mit dem Ablauf der Steuerfestsetzungsfrist tritt auch der Fristablauf für den Erlass des Haftungsbescheides ein.[87]

Wurde trotz Ablauf der Festsetzungsfrist ein Haftungsbescheid erlassen und die Steuer an das Finanzamt abgeführt, ist eine Erstattung dieser zu Unrecht festgesetzten und abgeführten Steuer durch das Bundeszentralamt für Steuern nicht möglich. Einwände gegen fehlerhafte Steuerbescheide sind bei der Behörde anzubringen, die den Verwaltungsakt erlassen hat (§ 357 Abs. 2 AO), hier also beim jeweils zuständigen Finanzamt.

Die §§ 169ff. AO gelten nur für den Erlass von Haftungsbescheiden, nicht jedoch für ihre Aufhebung oder Änderung solcher Bescheide (vgl. § 191 Abs. 3 AO). Daher können Haftungsbescheide auch nach Bestandskraft oder auch nach Ablauf der Festsetzungsfrist aufgehoben werden.[88]

Soweit Haftungsbescheide aufgehoben werden, hat nach § 37 Abs. 2 AO derjenige, auf dessen Rechnung die Zahlung bewirkt worden ist, an den Leistungsempfänger (hier das für den Haftungsbescheid zuständige Finanzamt) einen Anspruch auf Erstattung des jeweils gezahlten Steuerbetrages.

### 5. Das vereinfachte Steuererstattungsverfahren gemäß § 50 Abs. 5 Satz 2 Nr. 3 EStG

Im Wege des so genannten vereinfachten Steuererstattungsverfahrens kann die nach § 50a Abs. 4 Nr. 1 und 2 EStG einbehaltene Abzugssteuer ganz oder teilweise erstattet werden, wenn Betriebsausgaben oder Werbungskosten von über 50% der erzielten Einnahmen nachgewiesen werden. Hierfür ist insbesondere die Vorlage der Originalbelege erforderlich. Beim Bundeszentralamt für Steuern sind auch für diesen Antrag amtliche Vordrucke erhältlich.[89]

In der Praxis wird von diesem Verfahren bislang kaum Gebrauch gemacht. Einer der Gründe wird darin liegen, dass es bereits sehr schwierig sein kann, von Künstlern Originalbelege ausgehändigt zu bekommen.

**a) Der Fall „Gerritse": Ausländersteuer verstößt gegen EU-Recht.**[90] Nach dem Urteil des Europäischen Gerichtshofs in Luxemburg vom 12. Juni 2003[91] verstoßen die Vorschriften über die Besteuerung ausländischer Künstler teilweise gegen EU-Recht. Dem deutschen Gesetzgeber wurde aufgegeben, nachzubessern.

In dem Fall des niederländischen Schlagzeugers Arnourd Gerritse wurden die Betriebsausgaben des Musikers, wie im Jahre 1996 in § 50a Abs. 4 EStG vorgesehen, nicht zum Abzug zugelassen, so dass die Ausländersteuer iHv. 25% seiner Einnahmen an das FA abgeführt wurde.[92] Er vertrat jedoch – erfolgreich – die Auffassung, dass die Steuererhebung ohne Berücksichtigung der Betriebskosten zu hoch war und beantragte die Veranlagung zur Einkommensteuer. Das Finanzgericht Berlin setzte das Klageverfahren aus und stellte dem EuGH im Vorabentscheidungsverfahren u.a. die Frage, ob die bestehenden inländischen Vorschriften über die Erhebung der Ausländersteuer mit der Dienstleistungsfreiheit der jetzigen Art. 49 und 50 EG in Einklang stehen.[93]

**b) Das vereinfachte Erstattungsverfahren als Heilmittel?** Nach mehreren Sitzungen Ende August 2003 hat das Bundesministerium der Finanzen aufgrund des EuGH-Urteils vom 12. 6. 2003 in der Folgezeit entschieden, dass für die Anwendung des vereinfachten Erstattungsverfahrens – abweichend von § 50 Abs. 5 Satz 2 Nr. 3 EStG – nicht mehr Voraussetzung ist, dass die mit den Einnahmen in unmittelbarem wirtschaftlichen Zusammenhang stehenden Betriebsausgaben oder Werbungskosten die Hälfte der Einnahmen übersteigen.[94]

**c) Das BMF-Schreiben vom 24. Oktober 2003.** Die Steuer wird derzeit noch[95] nach dem BMF-Schreiben auf Antrag erstattet, soweit sie den Betrag übersteigt, der sich bei Anwendung des tariflichen Steuersatzes nach § 32a Abs. 1 EStG (Einkommensteuertarif) auf die um den Grundfreibetrag erhöhten Einkünfte bzw. bei Anwendung des Steuersatzes nach § 23 Abs. I KStG auf die Einkünfte zzgl. Solidaritätszuschlag ergibt (vgl. dazu unten, Beispiel 1).

Bei mehreren Auftritten in einem Kalenderjahr sind für den Vergleich mit der Besteuerung unbeschränkt Steuerpflichtiger sämtliche im Inland steuerpflichtigen Einkünfte einzubeziehen, die bis zur Antragsstellung entstanden sind und dem Steuerabzug nach § 50a Abs. 4 Satz 1 Nr. 1 und 2 EStG unterliegen, selbst wenn für sie aufgrund der Bestimmung des § 50a Abs. 4 Satz 5 Nr. 1 EStG (Milderungsregelung) ein Steuerabzug nicht vorgenommen worden ist.

Für diese Einkünfte abgeführte Steuerabzugsbeträge sind zu berücksichtigen. Bei in wirtschaftlichem Zusammenhang stehenden Auftritten, wie z.B. Veranstaltungsreihen ist nur ein Antrag einzureichen. Die Steuererstattung ist um bereits erstattete Beträge zu kürzen (vgl. unten, Beispiel 2).

Die übrigen Vorschriften zum vereinfachten Erstattungsverfahren sowie zur Durchführung des Steuerabzugs nach § 50a Abs. 4 EStG bleiben hiervon unberührt. Im Steuerabzugsverfahren kann sich der Schuldner der Vergütungen nicht auf die Rechte des Gläubigers aus dem – durch das BMF-Schreiben vom 24. 10. 2003 erweiterten – vereinfachten Steuererstattungsverfahren nach § 50 Abs. 5 Satz 2 Nr. 3 EStG berufen.

**Beispiel 1:** A erhält für einen Auftritt im Jahre 2003 eine Gesamtvergütung (brutto) iHv. € 2.000,–. Der Vergütungsschuldner hat € 400,– Einkommensteuer und € 22,– Solidaritätszuschlag von dieser Vergütung einbehalten und an das Finanzamt abgeführt. A sind € 600,– Betriebsausgaben im unmittelbaren wirtschaftlichen Zusammenhang mit dem Auftritt entstanden.

**Lösung 1:** Im erweiterten vereinfachten Erstattungsverfahren wird die Steuererstattung des A nunmehr wie folgt errechnet:

| Einnahmen (Bemessungsgrundlage für den | | ESt | SolZ |
|---|---|---|---|
| 1. Steuerabzug nach § 50a Abs. 4 EStG) | 2.000 € | | |
| 2. abzgl. Betriebsausgaben | ./. 600 € | | |
| 3. Einkünfte im Zusammenhang mit dem Auftritt | 1.400 € | | |
| 4. zzgl. Grundfreibetrag | + 7.235 € | | |
| 5. Einkünfte für Zwecke des Erstattungsverfahrens | 8.635 € | | |
| 6. auf die Einkünfte entfallende tarifliche ESt nach § 32a Abs. 1 EStG | | 298 € | 0 € |
| 7. einbehaltener Steuerabzug | | ./. 400 € | ./. 22 € |
| 8. zu erstattende Steuer | | ./. 102 € | ./. 22 € |

**Beispiel 2:** Fall wie Beispiel 1, aber A hat nach Durchführung des Erstattungsverfahrens einen weiteren Auftritt im Jahre 2003, für den er eine Gesamtvergütung von 3.000 € erhält. Es werden vom Vergütungsschuldner hiervon 600 € ESt und 33 € SolZ einbehalten und an das FA abgeführt. A

hat 600 € Betriebsausgaben, die in unmittelbarem wirtschaftlichen Zusammenhang mit dem weiteren Auftritt stehen.

**Lösung 2:** Im vereinfachten Erstattungsverfahren wird die weitere Steuererstattung des A wie folgt errechnet:

| | | ESt | SolZ |
|---|---|---|---|
| 1. Einnahmen | 3.000 € | | |
| 2. abzgl. Betriebsausgaben | ./. 600 € | | |
| 3. Einkünfte aus 2. Auftritt | 2.400 € | | |
| 4. zzgl. der Einkünfte aus 1. Auftritt | + 1.400 € | | |
| 5. zzgl. Grundfreibetrag | + 7.235 € | | |
| 6. Gesamteinkünfte für Zwecke des Erstattungsverfahrens | 11.035 € | | |
| 7. auf die Gesamteinkünfte entfallende tarifliche ESt nach § 32a Abs. 1 | | 859 € | 0 € |
| 8. abzgl. einbehaltener Steuerabzug für 1. und 2. Auftritt | | ./. 1.000 € | ./. 55 € |
| 9. zu erstattende Steuer | | ./. 141 € | ./. 55 € |
| 10. zzgl. bereits erstatteter Steuer | | 102 € | 22 € |
| 11. noch zu erstattende Steuer | | ./. 39 € | ./. 33 € |

Die Anwendung des BMF-Schreibens vom 24. 10. 2003 ist nicht auf Steuerpflichtige beschränkt, die Staatsangehörige eines Mitgliedstaates der EU oder eines Staates sind, auf den das Abkommen über den Europäischen Wirtschaftsraum Anwendung findet. Die vorstehenden Grundsätze sind in allen noch offenen Fällen anzuwenden.

**d) Keine Lösung des Problems.** Der Rückgriff auf das vereinfachte Erstattungsverfahren kann nur eine Interimslösung bis zu der seit geraumer Zeit überfälligen Gesetzesänderung darstellen.

Dies folgt aus der Tatsache, dass das sich sog. vereinfachte Erstattungsverfahren in der Praxis bislang nur in seltenen Ausnahmefällen bewährt hat und aufgrund seiner Nicht-Praktikabilität tatsächlich ein kompliziertes Erstattungsverfahren ist. Abgesehen davon, dass es sich für Künstler als schwierig gestaltet, ohne Hinzuziehung eines Rechtsanwaltes oder Steuerberaters (wodurch stets zusätzliche Kosten verursacht werden) vorstehende Berechnungen anzustellen, erwies und erweist sich die Beibringung der erforderlichen Unterlagen
- Belege über Aufwendungen im Original,
- Verträge, welche die rechtliche Grundlage der Darbietung bilden (im Original oder in amtlich beglaubigter Kopie),
- die Steuerbescheinigung nach § 50a Abs. 5 EStG (Bescheinigung über die abgeführte Steuer) im Original,

in der Praxis als schwierig. Wer berufsmäßig mit Künstlern zu tun hat, weiß das.

### 6. Folgen des unterlassenen Steuerabzugs

Der Vergütungsschuldner darf von seiner Verpflichtung zum Steuerabzug für beschränkt Steuerpflichtige nur dann absehen, wenn ihm die Ausfertigung einer Freistellungsbescheinigung des Bundeszentralamts für Steuern vorliegt. Unterlässt er den Steuerabzug, ohne dass er dazu ermächtigt ist, kann er vom zuständigen Finanzamt durch Nachforderungsbescheid (§ 155 i.V.m. § 167 Abs. 1 Satz 1 AO) oder durch Haftungsbescheid in Anspruch genommen werden (§ 50a Abs. 5 Satz 5 EStG, § 73g EStDV). Darüber hinaus wird in aller Regel ein Steuerstrafverfahren wegen Steuerhinterziehung die Folge sein.

### 7. Kontrollmeldeverfahren

Das Kontrollmeldeverfahren kann auf Antrag des Vergütungsschuldners bei Einkünften im Sinne von § 50a Abs. 4 Satz 1 Nr. 2 und 3 EStG angewendet werden, sofern die jeweilige Zahlung (Einzelzahlung) den Bruttobetrag von EUR 5.500,00 und die während eines Kalenderjahres geleisteten gesamten Zahlungen den Bruttobetrag von EUR 40.000,00 nicht übersteigen.[96]

Da der inländische Schuldner jedoch nur zur Teilnahme am Kontrollmeldeverfahren in Fällen von geringer steuerlicher Bedeutung ermächtigt wird und eine solche geringe steuerliche Bedeutung dann vorliegt, wenn zwar die beschränkte Steuerpflicht nach § 49 EStG gegeben ist, aufgrund des im Einzelfall anwendbaren Doppelbesteuerungsabkommens aber eindeutig dem Wohnsitzstaat das Besteuerungsrecht zusteht, spielt das Kontrollmeldeverfahren im Bereich der Musik- und Konzertbranche – soweit es um den Livebereich geht – praktisch keine Rolle. Von praktischer Bedeutung ist das Kontrollmeldeverfahren hingegen im Falle der Vergütung in Form von Lizenzen (Künstlerverträge, Verlagsverträge, Merchandisingverträge), da die einschlägigen DBA das Besteuerungsrecht für Lizenzen regelmäßig dem Ansässigkeitsstaat des Lizenzgebers (Künstler) zuweisen (vgl. Art. 12 OECD-MA).

### 8. Formulare, Merkblätter des Bundeszentralamts für Steuern

Das Bundeszentralamt für Steuern hält auf seiner Website www.bzst.bund.de für den Bereich der Konzert- und Veranstaltungsbranche u.a. folgende relevanten Formulare, Merkblätter und Anträge bereit:

- Merkblatt zur Entlastung von deutscher Abzugssteuer gemäß § 50a Abs. 4 EStG aufgrund Doppelbesteuerungsabkommen des Bundesministeriums der Finanzen vom 7. 5. 2002
- Übersicht über die DBA-Abkommen Stand 2006
- Merkblatt Lizenzgebühren und ähnliche Vergütungen
- BMF-Merkblatt zu § 50a Abs. 4 EStG
- Merkblatt zu Vergütungen an ausländische Künstler und Sportler
- Merkblatt und Reststeuersatzliste: Übersicht über das deutsche Besteuerungsrecht an Lizenzgebühren nach Doppelbesteuerungsabkommen

Unter dem Menupunkt „Formulare“ finden sich folgende Anträge:

- Freistellung/Erstattung Lizenzen diverser Länder
- Lizenzen bei verbundenen Unternehmen
- Freistellung/Erstattung Künstler/Sportler diverser Länder
- Freistellung/Erstattung Künstler/Sportler Polen
- Freistellung/Erstattung Künstler/Sportler Russland
- Freistellung/Erstattung Künstler/Sportler Tschechien
- Freistellung/Erstattung Künstler/Sportler USA
- Merkblatt zum Kontrollmeldeverfahren
- Erlass des Bundesministeriums der Finanzen vom 18. 12. 2002 zum Kontrollmeldeverfahren
- Antragsformular auf Teilnahme am Kontrollmeldeverfahren
- Muster der Jahreskontrollmeldung

## 9. Einzelfragen/Vertiefung zu §§ 49ff. EStG

a) **Darbietung im Inland.** Darbietungen im steuerrechtlichen Sinne des § 49 EStG liegen vor, wenn etwas aufgeführt, gezeigt oder vorgeführt wird. Dies ist z.B. bei Ausstellungen, Konzerten, Theateraufführungen, Shows, Turnieren, Wettkämpfen der Fall. Der Begriff ist weit zu verstehen; auch nicht öffentliche Auftritte und Studioaufnahmen für Film, Funk, Fernsehen und zur Herstellung von Tonträgern fallen hierunter. Zu den Darbietungen, die den künstlerischen, sportlichen oder artistischen Darbietungen ähnlich sind, gehören Darbietungen mit vergleichbarem Unterhaltungscharakter wie beispielsweise Talkshows und Quizsendungen; auch Modeschauen können hierunter fallen. Nicht hierzu zählen z.B. wissenschaftliche Vorträge und Seminare.[97]

Die Darbietung findet im Inland statt, wenn die künstlerische, sportliche, artistische oder ähnliche Tätigkeit tatsächlich im Inland ausgeübt wird. Ort der Darbietung ist bei Filmaufnahmen beispielsweise der Ort der Dreharbeiten, bei Schallplattenaufnahmen der tatsächliche Aufnahmeort. Live-Übertragungen im Hör- und Fernsehfunk von einer Darbietung im Inland sind unabhängig davon, wer die Leistungen anbietet, nicht zur Verwertung, sondern zur Darbietung zu rechnen.[98]

Keine Abzugssteuer fällt auf die Vergütung ausländischer Tänzerinnen an, wenn es im Einzelfall an einer künstlerischen Darbietung fehlt. Das FG Münster entschied mit Urteil vom 25. 4. 2006,[99] dass die Annahme einer künstlerischen Tätigkeit i.S.d. §§ 18 bzw. 49 Abs. 1 Nr. 2d EStG abgesehen davon, dass den Auftritten der American Girls mangels Ausdruck einer eigenschöpferischen Gestaltung kein künstlerisches Element zukommt, daran scheitert, dass es den Darbietungen an einer gewissen Leistungshöhe fehle.

Dem „sich Entledigen" von Kleidungsstücken per se einen besonderen künstlerischen Wert zu unterstellen, verbiete sich im Hinblick darauf, dass dies letztendlich von Jedermann dargeboten werden kann. Von einer künstlerischen Tätigkeit könne hingegen nur gesprochen werden, wenn bei der konkreten Beschäftigung das künstlerische Schaffen tatsächlich im Vordergrund steht, die künstlerische Leistung also nicht beliebig austauschbar ist.[100]

Bei den Auftritten der American Girls, bei denen jeweils eine Tänzerin auf Messen einen Laufsteg zwischen 3 und 5 Minuten abschritt und sich bis auf den Bikini auszog, handele es sich auch nicht um eine „ähnliche" Darbietung i.S.d. § 49 Abs. 1 Nr. 2d EStG, da hierfür die zu beurteilende Darbietung in hohem Maße und in wesentlichen Punkten mit einer künstlerischen Leistung vergleichbar sein muss, um den Begriff „ähnlich" nicht auf eine Vielzahl unterschiedlichster Sachverhalte auszudehnen, deren einzige Gemeinsamkeit die Unterhaltung des Publikums ist.[101]

**b) Verwertung der Darbietungen im Inland.** Unter Verwerten ist der Vorgang zu verstehen, durch den der Inhaber der Nutzungsrechte an einer Darbietung sich das Ergebnis der Darbietung durch eine zusätzliche Handlung nutzbar macht, insbesondere durch Übertragung der Nutzungsrechte. Verwerten kann auch ein Dritter, der die Leistungen nicht selbst erbracht hat.[102]

Sowohl inländische als auch ausländische Darbietungen können im Inland verwertet werden. Live-Übertragungen im Hör- und Fernsehfunk von einer Darbietung im Ausland sind Teil der Verwertung.[103]

Inländische Tonträgerverkäufe im Ausland eingespielter und hergestellter CDs mit Aufnahmen ausländischer ausübender Musiker erfüllen gleichfalls den Verwertungstatbestand des § 49 I Nr. 3 EStG.

**c) Ausrüstungsverträge, Werbeverträge und andere Leistungen.** Einkünfte aus Ausrüstungsverträgen, Sponsoringverträgen, Werbeverträgen, Vergütungen für Autogrammstunden, Interviews, Auftritte in Talkshows, etc. gehören zu den Einkünften aus mit den Darbietungen oder deren Verwertung zusammenhängenden Leistungen, soweit diese Leistungen im sachlichen Zusammenhang mit der jeweiligen Darbietung stehen. Gesamtvergütungen sind gegebenenfalls aufzuteilen.[104]

Einkünfte aus Verträgen über die Einräumung von Rechten zur rundfunk- und fernsehmäßigen Verwertung von Sportveranstaltungen gehören ebenfalls zu den Einkünften aus mit den Darbietungen oder deren Verwertung zusammenhängenden Leistungen. Das gilt auch für die Erbringung von hiermit zusammenhängenden weiteren Leistungen, wie die Erstellung des Bildsignals.[105]

**d) Nebenleistungen.** Zu den Leistungen, die mit den Darbietungen zusammenhängen, zählen auch technische Nebenleistungen wie Bühnenbild, Beleuchtung, Tontechnik, Kostüme, usw. und Vermittlungsleistungen, soweit sie Teil der Gesamtleistung sind.

Voraussetzung für die Einbeziehung dieser Nebenleistungen ist nach Vorgabe des BMF, dass sie aufgrund des bestehenden Vertragsverhältnisses Teil einer von dem beschränkt Steuerpflichtigen erbrachten Gesamtleistung sind, für die eine Gesamtvergütung gezahlt wird.[106]

Werden vorgenannte Nebenleistungen dagegen auf der Grundlage besonderer Verträge, die der inländische Veranstalter mit Dritten abgeschlossen hat, von einem anderen als dem Darbieter oder dem die Darbietungen Verwertenden erbracht, so sind die dafür gezahlten Entgelte nicht in die Bemessungsgrundlage für die Abzugssteuer einzubeziehen.[107]

**e) Einkünfte aus Vergütungen für die Nutzung von Urheberrechten (§ 50a Abs. 4 Satz 1 Nr. 3 i.V.m. § 49 Abs. 1 Nr. 2, 3, 6 und 9 EStG.**[108] Bei der Übertragung von Urheberrechten im Rahmen von gewerblichen oder selbständigen Einkünften gemäß § 49 Abs. 1 Nr. 2 lit. a oder d oder Nr. 3 EStG, kommt es nicht darauf an, ob die Urheberrechte zeitlich begrenzt oder unbegrenzt übertragen werden. Liegen Einkünfte nach § 49 Abs. 1 Nr. 2 lit. a oder Nr. 3 EStG vor, ist der Steuerabzug nach § 50a Abs. 4 Satz 1 Nr. 2 oder 3 EStG vorzunehmen.

Liegen Einkünfte gemäß § 49 Abs. 1 Nr. 2 lit. d EStG vor, ist der Steuerabzug nach § 50a Abs. 4 Satz 1 Nr. 1 EStG vorzunehmen.

Bei der Übertragung von Urheberrechten außerhalb gewerblicher oder selbständiger Einkünfte liegen Einkünfte gemäß § 49 Abs. 1 Nr. 6 i.V.m. § 21 Abs. 1 Nr. 3 EStG nur bei der zeitlich begrenzten Übertragung vor. Der Steuerabzug ist gemäß § 50a Abs. 4 Satz 1 Nr. 3 EStG vorzunehmen. Bei einem Rechtekauf hingegen ist in diesen Fällen kein Besteuerungstatbestand nach § 49 EStG erfüllt.[109]

Auf die Freistellungsmöglichkeit gem. Art. 12 OECD-MA im Falle von Lizenzzahlungen wurde bereits hingewiesen.

**f) Problem der Besteuerung bei verschieden hintereinander geschalteten beschränkt Steuerpflichtigen.** Wird die Vergütung für die Darbietung eines Künstlers nicht diesem unmittelbar, sondern einem beschränkt steuerpflichtigen Dritten, z. B. einer ausländischen „Künstler-Verleihgesellschaft", „Produktionsgesellschaft" oder einem ausländischen darbietenden Unternehmen gezahlt, so ist sowohl die an den Dritten gezahlte Vergütung als auch die von dem Dritten an den Künstler weitergeleitete Vergütung gemäß § 49 Abs. 1 Nr. 2 lit. d, Nr. 3 oder Nr. 4 i. V. m. § 50a Abs. 4 Satz 1 Nr. 1 oder Nr. 2 EStG zu besteuern.

Dies gilt auch im Fall eines ausländischen Veranstalters. Da es in diesen Fällen zu einer Überbesteuerung kommen kann, kommt im Einzelfall eine Billigkeitsmaßnahme auf einer der beiden Besteuerungsebenen in Betracht.[110]

**Beispiel:**

| | | |
|---|---|---|
| Besteuerungsebene 1: Künstler | --------------- | Ausländische Produktionsgesellschaft AP |
| Besteuerungsebene 2: A P | ------------------ | Inländischer Veranstalter |

Das FG München hat im Jahre 2004 entschieden, dass für den Erlass eines Haftungsbescheides gegenüber einem ausländischen Vergütungsschuldner auf zweiter Ebene das für die Besteuerung nach dem Einkommen zuständige Finanzamt örtlich zuständig ist.[111] Bei einem ausländischen Vergütungsschuldner auf zweiter Ebene bestehe bei einer gesellschaftsrechtlichen Verflechtung mit dem inländischen Vergütungsschuldner auf erster Ebene der für die Haftungsinanspruchnahme nach § 50a Abs. 5 Satz 2 EStG erforderliche Inlandsbezug.[112]

In dem vom FG München entschiedenen Fall ging es um eine in Österreich ansässige Konzertdirektion, die seit Jahren Gastspielreisen ausländischer Künstler in Deutschland veranstaltete. In ihre Rechtsbeziehungen zu den inländischen Veranstaltern (u. a. Kulturämter) schaltete sie seit Herbst 2000 eine GmbH ein.[113]

In seinen Entscheidungsgründen führt das FG München zunächst unter Berufung auf den BFH[114] aus, dass das Finanzamt auch ausländische Vergütungsschuldner in Anspruch nehmen könne, da keine Einschränkung auf inländische Vergütungsschuldner erkennbar sei. Das Finanzamt sei gem. § 20 Abs. 4 AO für den Erlass des Haftungsbescheides zuständig.

Des weiteren könne die österreichische Konzertdirektion auch ohne Zweifel dem Grunde nach in Anspruch genommen werden, da auch nach der Rechtsprechung des BFH bei einem ausländischen

Vergütungsschuldner mit einer inländischen Einrichtung, die die Erfüllung von Abzugspflichten ermöglicht, die Gefahr der Haftungsinanspruchnahme besteht.[115]

**g) Anrechnungs- und Freistellungsmethode.**[116] Wie aufgezeigt, können im Fall von Live-Darbietungen im Inland mit Ausnahme des Sonderfalls USA und den aufgezeigten Ausnahmetatbeständen vom Bundeszentralamt für Steuern keine Freistellungsbescheinigungen oder Erstattungsbescheinigungen erteilt werden.

Damit es jedoch nicht zu einer Doppelbesteuerung der Einkünfte des Künstlers kommt, besteuert dessen Wohnsitzstaat die betroffenen Vergütungen entweder gar nicht (sogenannte Freistellungsmethode) oder rechnet die in Deutschland gezahlte Steuer an (Anrechnungsmethode).

Ob die Freistellungs- oder die Anrechnungsmethode zur Anwendung kommt, richtet sich nach dem jeweiligen DBA in Verbindung mit den steuerrechtlichen Vorschriften des jeweiligen Wohnsitzstaates.

### 10. Beispielsfälle zur beschränkten Steuerpflicht der §§ 1 Abs. IV, 49ff. EStG gem. BMF-Schreiben vom 23. 1. 1996, BStBl. 1996, Teil 1, IV B 4 – S 2303 – 14/96[117]

**Beispiel 1:** Eine inländische Musikveranstaltungs-GmbH engagiert für Konzerte in Deutschland ein aus ausländischen Künstlern zusammengesetztes Quartett. Der Zusammenschluss der Künstler ist mit einer deutschen GbR vergleichbar. Die Konzerte werden in den deutschen Städten von örtlichen Konzertveranstaltern organisiert. Zwischen der Musikveranstaltungs-GmbH und den örtlichen Veranstaltern ist eine prozentuale Beteiligung am Erlös der Eintrittseinnahmen beteiligt.

**Lösung 1:** Die ausländischen Musiker sind mit ihren inländischen Einkünften gemäß § 49 Abs. 1 Nr. 3 EStG beschränkt steuerpflichtig. Der Steuerabzug ist gemäß § 50a Abs. 5 Satz 2 und 3 EStG von der GmbH als Schuldnerin der Vergütungen vorzunehmen und an das zuständige Finanzamt abzuführen. Vergütungsschuldner ist, wer zivilrechtlich die Vergütungen schuldet. Soweit keine selbständigen Vergütungsverpflichtungen gegenüber den ausländischen Künstlern übernommen werden, ist ohne Belang, wer die Konzerte jeweils örtlich organisiert oder wer im Rahmen der Konzertankündigung als „Veranstalter" des Konzerts am betreffenden Ort aufgeführt ist.

Eine Freistellungsmöglichkeit aufgrund Doppelbesteuerungsabkommen kommt nicht in Betracht, da – mit Ausnahme des Sonderfalls USA – Artikel 17 Abs. 1 OECD-MA – das Besteuerungsrecht Deutschland zuteilt, da die künstlerische Tätigkeit (Darbietung) im Inland ausgeführt wird.

**Beispiel 2:** Die inländische Musikveranstaltungs-GmbH engagiert das Quartett indirekt durch Vertrag mit einer ausländischen Künstlerverleihgesellschaft (Produktionsgesellschaft). Zwischen dem ausländischen Musiker-

Quartett und der inländischen Musik-Veranstaltungs-GmbH bestehen keine vertraglichen Beziehungen.

**Lösung 2:**

a) Die ausländische Künstlerverleih- oder Produktionsgesellschaft ist mit ihren inländischen Einkünften aus Gewerbebetrieb gemäß § 2 Nr. 1 KStG i.V.m. § 49 Abs. 1 Nr. 2 lit. d EStG beschränkt körperschaftsteuerpflichtig. Die Körperschaftsteuer wird gemäß § 49 KStG i.V.m. § 50a Abs. 4 Satz 1 Nr. 1 EStG im Wege des Steuerabzugs erhoben. Der Steuerabzug ist gemäß § 50a Abs. 5 Sätze 2 und 3 EStG von der Musik-Veranstaltungs-GmbH als Schuldnerin der Vergütung vorzunehmen und an das zuständige Finanzamt abzuführen.
   Enthält das DBA keine dem Artikel 17 Abs. 2 OECD-MA entsprechende Regelung, kann eine Freistellungsbescheinigung erteilt werden.
b) Besteuerung des Quartetts: Die ausländischen Musiker sind mit ihren inländischen Einkünften gemäß § 1 Abs. 4, § 49 Abs. 1 Nr. 3 EStG beschränkt einkommensteuerpflichtig. Die Einkommensteuer wird gemäß § 50a Abs. 4 Satz 1 Nr. 2 EStG im Wege des Steuerabzugs erhoben.
   Die Künstlerverleihgesellschaft ist als Vergütungsschuldnerin zum Steuerabzug verpflichtet, da sie mit Inlandsbezug tätig wird. Wird der Steuerabzug nicht ordnungsgemäß vorgenommen, haftet sie gemäß § 50a Abs. 5 Satz 5 EStG. Ferner können gegenüber dem Vergütungsgläubigern (jeder einzelne ausländische Musiker) gemäß § 50a Abs. 5 Satz 6 EStG Nachforderungsbescheide erlassen werden. Die Einkommensteuer ist in Höhe des Steuerabzugsbetrages gegen die ausländischen Künstler festzusetzen.

**Beispiel 3:** Im vorgenannten Beispiel wird das Quartett durch eine ausländische Künstleragentur vermittelt. Die Künstleragentur enthält von der inländischen Musik-Veranstaltungs-GmbH nur für ihre Vermittlungsleistungen eine Vergütung.

**Lösung 3:** Die Einkünfte der ausländischen Künstleragentur aus der Vermittlungstätigkeit sind Einkünfte aus Gewerbebetrieb. Gleichwohl werden die Voraussetzungen des § 49 Abs. 1 Nr. 2 EStG nur erfüllt, wenn eine Betriebsstätte oder ständiger Vertreter im Inland im Sinne von § 49 Abs. 1 Nr. 2 lit. a EStG vorhanden wäre. Es handelt sich hier nicht um Einkünfte nach § 49 Abs. 1 Nr. 2 lit. d EStG, da kein Zusammenhang mit einer künstlerischen Darbietung der Künstleragentur oder einer Verwertung einer solchen Darbietung besteht.

**Beispiel 4:** Ein ausländisches Orchester mit ausländischen Musikern wird für ein Konzert im Inland von einem inländischen Unternehmen engagiert. Das Orchester ist einem rechtsfähigen Verein vergleichbar organisiert.

**Lösung 4:**

a) Besteuerung des Orchesters: Das ausländische Orchester erzielt Einkünfte nach § 18 Abs. 1 Nr. 1 i.V.m. § 49 Abs. 1 Nr. 3 EStG. Körperschaftsteuerpflichtige Personen, die nicht zur Führung von Büchern verpflichtet sind, können grundsätzlich Bezieher sämtlicher Einkünfte im Sinne von § 2 Abs. 1 EStG sein.
   Die Einkünfte unterliegen dem Steuerabzug nach § 50a Abs. 4 Satz 1 Nr. 2 EStG.
   Enthält das DBA keine dem Artikel 17 Abs. 2 OECD-MA entsprechende Vorschrift, kann für das Orchester eine Freistellungsbescheinigung erteilt werden.

b) Besteuerung der Musiker: Die einzelnen Musiker des Orchesters sind, soweit sie selbständig tätig sind, mit ihren Einkünften aus der Darbietung gemäß § 49 Abs. 1 Nr. 3 oder 4 i.V.m. § 50a Abs. 4 Satz 1 Nr. 2 EStG im Wege des Steuerabzugs nach § 50a EStG zu besteuern, da es sich um eine inländische künstlerische Darbietung handelt. Sind die Musiker nicht selbständig tätig, hat der Lohnsteuerabzug nach § 39d i.V.m. § 49 Abs. 1 Nr. 4 EStG Vorrang, wenn das Orchester ein inländischer Arbeitgeber im Sinne des § 38 Abs. Nr. 1 EStG ist.
Erfüllt das ausländische Orchester die Anforderungen an einen inländischen Arbeitgeber im Sinne des § 38 Abs. 1 Nr. 1 EStG nicht, ist für die Einkünfte der Musiker aus dieser Darbietung der Steuerabzug nach § 50a Abs. 4 Satz 1 Nr. 2 und Satz 2 EStG durchzuführen. Den Steuerabzug hat der Vergütungsschuldner (das Orchester) anzumelden und abzuführen. Wird der Steuerabzug nicht ordnungsgemäß durchgeführt, haftet der Vergütungsschuldner (und zwar unabhängig davon, ob der Verein selbst gemäß Artikel 17 Abs. 2 OECD-MA im Inland besteuert wird); gegenüber den eigenen Musikern des Orchesters kann die Einkommensteuer durch eine Nachforderungsbescheid in Höhe des Steuerabzuges nach § 50a Abs. 4 EStG festgesetzt werden.
Artikel 17 Abs. 1 OECD-MA teilt das Besteuerungsrecht Deutschland zu, weil die künstlerische Tätigkeit im Inland ausgeübt wird.

**Beispiel 5:** Ein ausländischer Künstler dirigiert im Inland ein öffentliches Konzert. Gegen eine zusätzliche Vergütung überträgt er das zeitlich begrenzte Recht, diese Produktion
a) live für Fernsehzwecke
b) als Aufzeichnung für Fernseh- und Videozwecke zu nutzen, auf ein inländisches Unternehmen.

**Lösung 5:** Die Vergütungen, die der ausländische Künstler für die Verwertung seiner Leistungsschutzrechte erzielt, sind – sowohl bei lit. a) als auch bei lit. b) – als Einkünfte aus der Ausübung einer Tätigkeit als selbständiger Künstler anzusehen (§ 49 Abs. 1 Nr. 3 EStG).

Im Falle lit. a) ist Artikel 17 Abs. 1 OECD-MA anwendbar. Die Einkünfte aus der Live-Übertragung stammen aus der persönlich ausgeübten Tätigkeit des Künstlers, da sie unmittelbar mit dem Auftritt im Inland zusammenhängen. Das Besteuerungsrecht steht nach Artikel 17 Abs. 1 OECD-MA Deutschland zu.

Im Falle b) fallen die Vergütungen für die Verwertung von Urheberrechten nicht unter Artikel 17 OECD-MA. Es handelt sich hier um eine zeitlich begrenzte Rechteübertragung die unter Artikel 12 OECD-MA (Lizenzgebühren) fällt.

Die Erteilung der Freistellungsbescheinigung hängt vom Inhalt der Lizenzgebührenregelung des jeweiligen DBA ab.

Werden die Rechte nach lit. a) und lit. b) gegen ein Gesamtentgelt übertragen, wird regelmäßig im Verhältnis $1/3$ (persönlich ausgeübte Tätigkeit) zu $2/3$ (Lizenzgebühren) aufgeteilt.[118]

**Beispiel 6:** Ein ausländischer Künstler dirigiert im Ausland ein öffentliches Konzert. Gegen eine zusätzliche Vergütung überträgt er das zeitlich begrenzte Recht, diese Produktion
a) live für Fernsehzwecke
b) als Aufzeichnung für Fernseh- und Videozwecke
zu nutzen, auf ein inländisches Unternehmen.

**Lösung 6:** Im Falle a) (live für Fernsehzwecke) steht Deutschland das Besteuerungsrecht nicht zu, da Einkünfte aus der Verwertung einer im Ausland ausgeübten Tätigkeit im Inland nicht unter Artikel 17 Abs. 1 OECD-MA fallen. Eine Freistellungsbescheinigung kann nach jedem DBA erteilt werden.

Im Falle b) handelt es sich um eine zeitlich begrenzte Rechteübertragung, die unter Artikel 12 OECD-MA (Lizenzgebühren) fällt. Die Erteilung der Freistellungsbescheinigungen hängt vom Inhalt der Lizenzgebührenregelung des jeweiligen DBA ab (vgl. BMF-Schreiben vom 23. 1. 1996, a. a. O.).

**Beispiel 7:** Ein im Ausland ansässiger Produzent nimmt im Ausland von einem ausländischen Künstler ein Tonträger auf. Ein inländisches Label mit angeschlossenem Musikverlag erwirbt die Tonträger und die damit verbundenen
a) zeitlich begrenzten
b) zeitlich unbegrenzten
Rechte zur Verbreitung, Vervielfältigung und Wiedergabe.

**Lösung 7:** Da die Rechteübertragung im Rahmen des Gewerbebetriebs des im Ausland ansässigen Produzenten erfolgt, ist der Verwertungstatbestand des § 49 Abs. 1 Nr. 2 lit. d EStG gegeben. Auf die Unterscheidung zwischen a) und b) kommt es nicht an.

Im Falle a) fällt die zeitlich begrenzte Rechteübertragung unter Artikel 12 OECD-MA (Lizenzgebühren). Die Erteilung der Freistellungsbescheinigung hängt vom Inhalt der Lizenzgebührenregelung des jeweiligen DBA ab.

Im Falle b) kann eine Freistellungsbescheinigung hinsichtlich der zeitlich unbegrenzten Nutzungsrechte (Rechtekauf) mangels einschlägiger Betriebsstätte (Artikel 7 OECD-MA) nach jedem DBA erteilt werden; Artikel 12 OECD-MA ist nicht einschlägig.

## 11. Rechtsprechungsübersicht[119] zur beschränkten Steuerpflicht der §§ 49 ff. EStG

### a) Haftungsinanspruchnahme einer österreichischen Konzertveranstalterin nach § 50 a Abs. 5 Satz 1 EStG[120]

- Eine EuGH-Entscheidung ist ein neuer Umstand i. S. d. § 69 Abs. 6 Satz 2 FGO.
- Die Haftungsschuld betreffend ausländische Künstler ist akzessorisch zu deren Steuerschuld, und dürfte bei einer Bemessung nach der Bruttovergütung gleichfalls gegen die Niederlassungsfreiheit nach Art. 49, 50 EGV verstoßen.
- Es obliegt dem Haftungsschuldner, seine vertraglichen Beziehungen zu dem Vergütungsgläubiger offen zu legen, sofern er nur zu geringeren Beträgen als gemäß § 50 a Abs. 4 für einen Steuersatz von 25% der Bruttovergütung in Haftung genommen werden will.

### b) Freistellungsbescheinigung nach § 50 d Abs. 2 EStG für Konzertveranstalter[121]

- Das Änderungsabkommen sowie das Protokoll zum Doppelbesteuerungsabkommen zwischen der Bundesrepublik Deutschland und der Republik Österreich vom 8. 7. 1992 schließt die Anwendung des in § 50d EStG verankerten zweistufigen Besteuerungsverfahrens (Steuererhebung nach § 50a Abs. 4 EStG auf erster Ebene und Erstattung nach § 50d Abs. 1 EStG auf zweiter Ebene) nicht aus.

- Eine Steueranmeldung nach § 50a Abs. 5 EStG i.V.m. § 73e EStDV ist materiell-rechtlich gesehen nicht anhand der Voraussetzungen für einen Haftungsbescheid zu würdigen. Darüber hinaus besteht keine Akzessorietät zwischen Haftungs- und Steuerschuld, weil sich der Grundsatz der Akzessorietät nicht auf die Steuer-, sondern nur auf die Entrichtungsschuld des inländischen Vergütungsschuldners erstreckt.
- Die Vorschriften über die Durchführung des Steuerabzugsverfahrens nach § 50a Abs. 4 EStG verstoßen bei pauschaler Würdigung auch unter Berücksichtigung des EuGH-Urteils vom 12. 6. 2003 (C-234/01, Gerritse, IStR 2003, 458) nicht gegen Gemeinschaftsrecht. Bei der Erhebung der Bruttoquellensteuer könnten allenfalls Ausgaben berücksichtigt werden, die bereits bei Abgabe von Steueranmeldungen nachgewiesen wären. Andernfalls ist der Erstattungsanspruch im vereinfachten Erstattungsverfahren nach § 50 Abs. 5 Satz 2 Nr. 3 EStG durch den ausländischen Vergütungsgläubiger geltend zu machen.

#### c) Beschränkte Steuerpflicht ausländischer Sportler und Künstler als Interviewpartner in inländischen Fernsehsendungen[122]

- Wirkt ein ausländischer Berufssportler als Interviewpartner bei Sport- und Unterhaltungssendungen mit, ist der Fernsehsender verpflichtet, von den gezahlten Vergütungen gem. § 50a Abs. 4 EStG den Steuerabzug vorzunehmen. Denn Fernsehauftritte zählen bei Sportlern zu den „Leistungen“, die mit sportlichen Darbietungen zusammenhängen.
- Dies gilt jedoch nicht bei der Mitwirkung ausländischer Künstler. Denn bei ihnen führt allein die Teilnahme als Gesprächspartner nicht zu (eigenschöpferischen) künstlerischen Leistungen, die die beschränkte Steuerpflicht auslösen könnten; im Gegensatz zum Darbietungstatbestand des § 49 Abs. 1 Nr. 2d EStG wird der Ausübungstatbestand des § 49 Abs. 1 Nr. 3 EStG nämlich nicht durch eine Zusatzklausel für mit der Ausübung zusammenhängende Leistungen ergänzt.

#### d) Auftritte ausländischer Tänzerinnen bei Show-Veranstaltungen im Inland als Darbietungen i.S.d. § 49 Abs. 1 Nr. 2d EStG[123]

- Erschöpfen sich die Auftritte ausländischer Tänzerinnen bei Show-Veranstaltungen im Inland in der bloßen Unterhaltung des Publikums in Form einer optisch ansprechenden Leistung mit erotischem Reiz – hier: drei bis fünf Minuten dauernde rhythmische Bewegung zur Musik auf einem Laufsteg bei gleichzeitigem Entkleiden bis auf einen Badeanzug –, liegen keine – insbesondere keine künstlerischen – Darbietungen i.S.d. § 49 Abs. 1 Nr. 2d EStG vor. Der in dieser Vorschrift enthaltene Begriff „ähnlich" ist eng auszulegen.

– Für die Definition des Begriffs „künstlerisch" i.S.d. § 49 Abs. 1 Nr. 2d EStG kann auf die Rechtsprechung zu § 18 zurückgegriffen werden.

**e) Beschränkte Steuerpflicht eines in USA ansässigen Musikers, der für Konzerte im Inland engagiert wird; Sonderprobleme: Einbeziehung von Transport- und Übernachtungskosten; eigenbetriebliches Interesse[124]**

Im Falle eines aus den USA stammenden Musikers entschied der BFH im Jahre 2003, dass auch die vom Veranstalter für den amerikanischen Künstler übernommenen Reisekosten (Kosten des Transports zum Veranstaltungsort) und Übernachtungskosten in die Bemessungsgrundlage der „Ausländersteuer" mit einzubeziehen sind.

Als Honorar war im zu entscheidenden Fall eine Zahlung iHv. US $ 16.428,57 vereinbart, so dass der Veranstalter davon ausging, den Steuerabzug gem. der US $ 20.000,00-Klausel des Art. 17 Abs. 1 DBA-USA wegen Nichtüberschreitens der Bagatellgrenze[125] unterlassen bzw. erfolgreich einen entsprechenden Erstattungsantrag stellen zu können.

Obwohl der Rechtsstreit in der Sache an das FG Köln zurückverwiesen wurde, entschied der BFH, dass die Übernahme von Reisekosten eines Musikers zum Veranstaltungsort durch den inländischen Veranstalter nicht im ganz überwiegenden betrieblichen Interesse des Veranstalters erfolgt, da es „nur" um das rechtzeitige Erscheinen des Künstlers am Veranstaltungsort geht. Die übernommenen Kosten führen deshalb zu einer steuerbaren Einnahme des Künstlers, so dass die Bagatellgrenze im zu entscheidenden Fall überschritten war.

**f) Steuerabzugspflicht für Showvergütungen an beschränkt steuerpflichtige Künstler ohne Ausgliederung der Produktionskosten[126]**

– Die Ausgliederung von Produktionskosten bei der Verpflichtung zum Steuerabzug für Showvergütungen an beschränkt steuerpflichtige Künstler nach den §§ 49 Abs. 1 Nr. 2d, 50a Abs. 4 Nr. 1 EStG kommt dann nicht in Betracht, wenn die insoweit erbrachten „Nebenleistungen" unabdingbare Grundlage für die Durch-

führung der Tournee und damit untrennbarer Teil der Gesamtleistung sind, zu der sich die Künstler verpflichtet haben.
- Besteht ein enger sachlicher und zeitlicher Zusammenhang der erbrachten „Nebenleistungen“ mit der künstlerischen Darbietung, so wird eine mögliche zivilrechtliche Zerlegung der zu erbringenden Gesamtdarbietungsverpflichtung in mehrere vertragliche Vereinbarungen des Veranstalters mit den jeweils Leistenden ebenso wenig berücksichtigt wie die Übertragung der Gesamtverpflichtung auf eine ausländische Produktionsgesellschaft. Welche vertraglichen Beziehungen zwischen den Künstlern bzw. ihrer Agentur und der Produktionsfirma bestehen, ist insoweit nicht entscheidend.
- Jedenfalls bei Erstattungsmöglichkeit nach § 50 Abs. 5 Nr. 3 EStG bestehen keine EG-rechtlichen Bedenken gegen die Abzugspflicht.

In diesem Fall hatte der inländische Konzertveranstalter zwei Verträge abgeschlossen: Einen Vertrag mit der ausländischen Künstlergruppe über die künstlerischen Darbietungen. Einen zweiten Vertrag mit einer in Großbritannien ansässigen Produktionsgesellschaft über Teilleistungen im Betriebsausgabenbereich (Licht und Ton, technisches Personal, Betreuung und Beförderung der Künstler und ihrer Crew, Hotelunterbringung und Flugtickets).

Die englische Produktionsgesellschaft war der Auffassung, die Nebenleistungsvergütungen könnten nicht in die Steuerabzugspflicht nach § 50a Abs. 4 i.V.m. § 49 Abs. 1 Nr. 2d EStG einbezogen werden, da sie nicht auf einer Vereinbarung mit den Künstlern, sondern auf einem gesonderten Vertrag des Veranstalters mit der Produktionsgesellschaft beruhten. Hier sei die Fallkonstellation des BMF-Schreibens vom 23. 1. 1996, BStBl. I 1996, S. 89, Tz. 2.2.3.2 einschlägig.

Das Gericht[127] war der Auffassung, dass die Nebenleistungen in die Bemessungsgrundlage gleichwohl mit einzubeziehen sind. Zunächst beruft sich das Gericht auf den Wortlaut der §§ 49 Abs. 1 Nr. 2d, 50a Abs. 4 Nr. 1 EStG, wonach auch Einkünfte aus anderen mit diesen Leistungen zusammenhängenden Leistungen zur Bemessungsgrundlage gehören und zwar unabhängig davon, wem die Einnahmen zufließen.

Die Vorschrift schließe es aus, dass sich Künstler ihrer inländischen Steuerpflicht durch Einschaltung einer im Inland nicht steuerpflichtigen Kapitalgesellschaft entziehen können. Dies gelte auch für die Verpflichtung zur Erbringung von persönlichen, technischen oder kaufmännischen Teilleistungen der hier streitigen Art, die als unabdingbare Grundlage der Hauptverpflichtung in einem unmittelbaren untrennbaren Zusammenhang mit der künstlerischen Darbietung stehen, wie Beleuchtung, Bühnenbilder, Tontechnik, Kostüme,

Raummiete, Transporte, Unterbringung usw., und zwar unabhängig davon, ob mit dem Steuerpflichtigen ein Vertrag oder aber für die Einzelverpflichtungen mehrere Verträge abgeschlossen werden.[128]

Gegen vorgenannte Entscheidung spricht nach Auffassung des erkennenden Gerichts auch das BMF-Schreiben vom 23. 1. 1996 nicht. „Nebenleistungen auf der Grundlage besonderer Verträge mit Dritten“ seien nur dann gesondert zu beurteilen, wenn es sich nicht wirtschaftlich gesehen um „Teile einer von dem beschränkt Steuerpflichtigen erbrachten Gesamtleistung“ handelt, für die letztlich eine „Gesamtvergütung“ gezahlt wird.[129]

Im Streitfall waren die hier durch die Produktionsgesellschaft erbrachten Leistungen dagegen – anders als etwa im Fall des BFH-Urteils vom 16. 5. 2001[130] auf das sich die Produktionsgesellschaft berufen hat – unabdingbare Grundlage für die Durchführung der Tournee und damit untrennbarer Teil der Gesamtleistung, zu der sich die Künstlergruppe verpflichtet hatte. Der sachliche und zeitliche Zusammenhang mit der künstlerischen Darbietung ist so eng, dass die zivilrechtlich mögliche Zerlegung der zu erbringenden Gesamtdarbietungsverpflichtung in mehrere vertragliche Vereinbarungen des Veranstalters mit der Produktionsgesellschaft und den Künstlern bzw. deren Agentur steuerrechtlich ebenso wenig berücksichtigt werden kann, wie die Übertragung der Gesamtverpflichtung auf eine ausländische Produktionsgesellschaft.[131]

**g) Haftung des Konzertveranstalters für Steuerabzug auf Honorar eines beschränkt steuerpflichtigen Künstlers[132]**

- Ein inländischer Konzertveranstalter, der maßgeblich am Zustandekommen eines Konzerts beteiligt war, ist verpflichtet den Steuerabzug nach § 50a Abs. 4 EStG auf das Honorar eines beschränkt steuerpflichtigen Künstlers für einen Auftritt im Inland abzuführen.

## 12. Branchenspezifisches Umsatzsteuerrecht

„Das Umsatzsteueraufkommen innerhalb Deutschlands hat im Jahr 2005 einschließlich der Einfuhrumsatzsteuern 154 Milliarden Euro betragen, das sind etwa ein Drittel aller Steuereinnahmen des Bundes und der Länder, die sich das Aufkommen im Verhältnis 40% zu 40%, neben den Gemeinden, die 20% erhalten, teilen.“[133]

Mangelnde Kenntnis der einschlägigen Normen des Umsatzsteuergesetzes (UStG) führt in der täglichen Praxis der Konzert- und Veranstaltungsbranche in vielen Fällen zu Problemen; beispielsweise zu Nachforderungsbescheiden des Finanzamts. Aber auch die für den juristischen Laien teilweise schwer zu verstehenden gesetzlichen Normen und teilweise „verunglückter" Gesetzeswortlaut des Umsatzsteuergesetzes tragen zur schweren Durchschaubarkeit der Materie bei.

Nachfolgend wird ein „Prüfungsschema" empfohlen, welches es jedem Praktiker, Rechtsanwalt und Steuerberater ermöglichen sollte, mit dieser Materie leicht zurecht zu kommen.

a) **Lieferungen und sonstige Leistungen.** Gem. § 1 Umsatzsteuergesetz sind die Lieferungen und sonstigen Leistungen eines Unternehmers, welcher dieser im Inland gegen Entgelt für sein Unternehmen ausführt umsatzsteuerbar. „Lieferung" bedeutet gem. § 3 UStG die Verschaffung der Verfügungsmacht über einen Gegenstand. In der Konzert- und Veranstaltungsbranche spielt der Begriff der „Lieferung" im umsatzsteuerrechtlichen Sinne mit Ausnahme von branchenbezogenen Verkaufsleistungen naturgemäß eine untergeordnete Rolle. Als „Lieferung" i.S.d. § 1 UStG kommt beispielsweise die Lieferung eines gekauften Instruments oder einer Verstärkeranlage in Betracht.

Von erheblicher Relevanz für die Praxis ist allerdings der Begriff der „sonstigen Leistung". Gemäß § 3 Abs. 9 UStG sind sonstige Leistungen, Leistungen, die keine Lieferungen sind.

Im Bereich der Konzert- und Veranstaltungsbranche kommen als sonstige Leistungen im umsatzsteuerrechtlichen Sinne somit u.a. in Betracht:
- die Auftrittsleistungen darbietender Musiker
- die Managementleistung eines Künstler-Managements
- die Vermittlungsleistung eines Agenten/Künstlervermittlers
- die Leistung (Lieferung) einer Gastspiel- bzw. Konzertdirektion.

b) **Unternehmer.** Unternehmer ist gem. § 2 UStG, wer eine freiberufliche oder gewerbliche Tätigkeit selbständig ausübt. Gewerblich oder freiberuflich ist nach S.2 dieser Vorschrift jede nachhaltige Tätigkeit zur Erzielung von Einnahmen, auch wenn die Absicht, Gewinn zu erzielen, fehlt oder eine Personenvereinigung nur gegenüber ihren Mitgliedern tätig wird.

Keine Unternehmer i.S.d. § 2 UStG sind gem. § 2 Absatz 2 Satz 1 UStG Arbeitnehmer, welche weisungsgebunden und in den Organisationsbetrieb ihres Arbeitgebers eingegliedert sind.

**Pop-, Rock-, Jazz- und Schlagersänger:** Für die Konzertbranche bedeutet dies, dass nahezu alle Pop-, Rock-, Jazz- und Schlagersänger, welche im sog. Tagesgeschäft auftreten, Unternehmer im umsatzsteuerrechtlichen Sinne sind. Sie sind zumeist weder weisungsgebunden, noch in dem Organisationsbetrieb ihres Vertragspartners eingebunden.

**Opern- und Chorsänger:** Fest angestellte Opernsänger, Chorsänger und Orchestermusiker sind regelmäßig Arbeitnehmer. Aber auch eine gastspielverpflichtete Opernsängerin kann Unternehmerin i. S. d. § 2 UStG sein, wenn sie aufgrund der Gastspielverträge hinsichtlich des Inhalts und weitgehend auch hinsichtlich des Orts und der Zeit ihrer Tätigkeit nicht an die Weisungen der jeweiligen Bühnenleitung gebunden ist.[134]

Merkmale für die auch in anderen Musiksparten bedeutsame Abgrenzung der Arbeitnehmer- zur Unternehmereigenschaft sind nach dem Urteil des BFH aus dem Jahre 1990 dabei auch:
- Bindung nur für bestimmte Tage an den Bühnenbetrieb
- Geschäftliche Beziehung zu mehreren Auftraggebern
- Verlust des Honoraranspruchs bei Krankheit oder aus anderen persönlichen Gründen
- Fehlen eines Urlaubsanspruchs.

Nach dem BFH spricht die Probenpflicht und die Einbindung in den Spielplan für eine Arbeitnehmereigenschaft. Zum gleichen Ergebnis kommt das FG Köln im Falle eines Opernsängers, der bei Gastspielen das Vergütungsrisiko trägt.[135] Auch eine Chorsängerin, die für einen bestimmten Part innerhalb einer Aufführung und innerhalb der Chores als Gastsängerin verpflichtet wird, kann selbständig tätig und damit Unternehmerin im umsatzsteuerrechtlichen Sinne sein.[136]

**Alleinunterhalter, Conferenciers, Humoristen:** Bereits im Jahre 1981 entschied der BFH,[137] dass ein berufsmäßiger Unterhalter (Conferencier, Zauberkünstler) auf Betriebsfeiern, anderen Unterhaltungsveranstaltungen und Tagungen Unternehmer ist, wenn er das Risiko für das wirtschaftliche Ergebnis seiner Darbietungen, die ausschließlich auf seinen eigenen Leistungen beruhen, selbst trägt (Wechsel der Vertragspartner, schwankende Gagenhöhe, Fahrt- und Übernachtungskosten, Konventionalstrafe). Im entschiedenen Streitfall standen eine Abstimmungs-, Auftritts- und Probenverpflichtung, eine arbeitsgerichtliche Gerichtsstandsvereinbarung und die Tarifautonomie der Künstler der Selbständigkeit nicht entgegen.

c) **Ort der Leistung.** Gem. § 1 UStG sind nur Leistungen, die im Inland erbracht werden, umsatzsteuerbar. Inland definiert § 2 Abs. 2 UStG wie folgt:

„Inland im Sinne dieses Gesetzes ist das Gebiet der Bundesrepublik Deutschland mit Ausnahme des Gebiets von Büsingen, der Insel Helgoland, der Freizonen des Kontrolltyps I nach § 1 Abs. 1 Satz 1 des Zollverwaltungsgesetzes (Freihäfen), der Gewässer und Watten zwischen der Hoheitsgrenze und der jeweiligen Strandlinie sowie der deutschen Schiffe und der deutschen Luftfahrzeuge in Gebieten, die zu keinem Zollgebiet gehören. Ausland im Sinne dieses Gesetzes ist das Gebiet, das danach nicht Inland ist.

Wird ein Umsatz im Inland ausgeführt, so kommt es für die Besteuerung nicht darauf an, ob der Unternehmer deutscher Staatsangehöriger ist, seinen Wohnsitz oder Sitz im Inland hat, im Inland eine Betriebsstätte unterhält, die Rechnung erteilt oder die Zahlung empfängt."

Nicht zum Inland gehören nach dem UStG somit u. a. Büsingen[138] am Hochrhein, eine deutsche Gemeinde in der Schweiz, sowie das Gebiet der Nordseeinsel Helgoland.

Soweit Leistungen somit nicht in den Ausnahmefällen Büsingen oder Helgoland erbracht werden,[139] ist zur Bestimmung des Leistungsorts § 3a UStG heranzuziehen. Der Grundsatz findet sich in **§ 3a Abs. 1 UStG:**

1. Eine sonstige Leistung wird (......) an dem Ort ausgeführt, von dem aus der Unternehmer sein Unternehmen betreibt. Wird die sonstige Leistung von einer Betriebsstätte ausgeführt, so gilt die Betriebsstätte als der Ort der sonstigen Leistung.

**§ 3a Abs. 2 Nr. 3a UStG** schreibt u. a. für künstlerische Leistungen abweichend zu § 3a UStG Abs. 1 Folgendes vor:

3. Die folgenden sonstigen Leistungen werden dort ausgeführt, wo der Unternehmer jeweils ausschließlich oder zum wesentlichen Teil tätig wird:
   a) kulturelle, künstlerische, wissenschaftliche, unterrichtende, sportliche, unterhaltende oder ähnliche Leistungen einschließlich der Leistungen der jeweiligen Veranstalter sowie die damit zusammenhängenden Tätigkeiten, die für die Ausübung der Leistungen unerlässlich sind,

Für Vermittlungsleistungen findet **§ 3a Abs. 2 Nr. 4 UStG** Anwendung:

4. Eine Vermittlungsleistung wird an dem Ort erbracht, an dem der vermittelte Umsatz ausgeführt wird (......)

Zur Frage des Leistungsorts von bühnentechnischen, tontechnischen und beleuchtungstechnischen Leistungen bei Konzerten entschied das FG Berlin im Jahre 1999,[140] dass die bühnentechnische, tontechnische und beleuchtungstechnische Leistung eines im Ausland ansässigen Unternehmers in Zusammenhang mit den Deutschland-Konzerten einer Rockband im Inland nicht gem. § 3a Abs. 2 UStG umsatzsteuerbar ist. Zur Begründung führt das FG Berlin aus, dass es der Wortlaut des § 3a Abs. 2 Nr. 3a UStG nahe lege, den Ort der von der in den USA ansässigen Produktionsgesellschaft P ausgeführten sonstigen Leistung nicht nach dieser Vorschrift, sondern nach § 3a Abs. 1 UStG zu bestimmen. Für die Bestimmung der „ähnlichen Leistung" i. S. d. § 3a Abs. 2 Nr. 3a UStG komme es maßgeblich darauf an, dass eine Ähnlichkeit der Leistung mit den in der Vorschrift ausdrücklich aufgeführten künstlerischen, wissenschaftlichen, unterrichtenden, sportlichen und unterhaltenden Leistungen besteht, wobei weiter eine Rolle spiele, dass die Vorschrift die überwiegend persönlichkeitsbezogene, ohne standortgebundenes Unternehmensvermögen ausgeführte Leistung an dem Ort erfassen will, an dem sie in Konkurrenz zu anderen ortsansässigen Unternehmen ausgeführt wird.[141]

Bei den Leistungen der P handele es sich um mit großem Personal-, Material- und Technikaufwand verbundene Leistungen, die keinen eigenständigen Gehalt haben und auch nicht dem jeweiligen Tätigkeitsort zurechenbar seien. Aus diesem Grunde war der Ort der Leistung im streitgegenständlichen Fall nach § 3a Abs. 1 UStG zu bestimmen mit der Folge, dass Ort der Leistung mangels Betriebsstätte der P im Inland das Ausland war.

**d) Die Steuersätze.** Der Regelsteuersatz beträgt seit dem 1. 1. 2007 gem. § 12 Abs. 1 UStG 19%.

Gem. **§ 12 Abs. 2 Nr. 7a** UStG ermäßigt sich die Steuer auf 7% u. a. für folgende Umsätze:

7. a) die Eintrittsberechtigung für Theater, Konzerte und Museen, sowie die den Theatervorführungen und Konzerten vergleichbaren Darbietungen ausübender Künstler
   c) die Einräumung, Übertragung und Wahrnehmung von Rechten, die sich aus dem Urheberrechtsgesetz ergeben,
   d) die Zirkusvorführungen, die Leistungen aus der Tätigkeit als Schausteller sowie die unmittelbar mit dem Betrieb der zoologischen Gärten verbundenen Umsätze;
8. a) die Leistungen der Körperschaften, die ausschließlich und unmittelbar gemeinnützige, mildtätige oder kirchliche Zwecke verfolgen (§§ 51 bis 68 der Abgabenordnung). Das gilt nicht für Leistungen, die im Rahmen eines wirtschaftlichen Geschäftsbetriebs ausgeführt werden,

**Konzerte von Solisten und Bands:** Gemäß § 12 Abs. 2 Nr. 7a UStG unterliegen somit alle konzertmäßigen Leistungen darbietender Künstler – Solisten und Bands/Ensembles – dem ermäßigten Steuersatz.

Das FG Rheinland-Pfalz entschied im Jahre 2003, dass vom Liveauftritt einer Rock- oder Popgruppe geprägte Veranstaltungen nicht deshalb als nicht steuerermäßigte Tanzveranstaltung angesehen werden können, weil zu der Musik getanzt wird und Alkohol und andere Getränke konsumiert werden.[142] Nach Auffassung des Gerichts sei der Getränkeumsatz nicht geeignet, um auf den Charakter der fraglichen Veranstaltung zu schließen. Lehrbuchmäßig wird der Begriff „Konzert" wie folgt definiert:

„Unter Konzerten sind Aufführungen von Musikstücken zu verstehen, bei denen Instrumente und/oder die menschliche Stimme eingesetzt werden.[143] Die Regelung beschränkt sich dabei nicht nur auf Orchesterkonzerte. Entgegen dem eigentlichen Wortsinn wird der Begriff des Konzerts nach dem Sprachgebrauch in einem sehr viel weiteren Sinne verstanden. Außer den Orchesterkonzerten sind daher auch Kammermusik- und Solistenkonzerte begünstigt. Das gleiche gilt für die Aufführungen von Chorwerken oder für Liederabende. Begünstigt sind auch Jazzkonzerte oder Veranstaltungen von Pop- oder Rockgruppen. Voraussetzung für die Steuervergünstigung ist, dass das Konzert den Charakter der gesamten Veranstaltung bestimmt, d.h. als Konzertveranstaltung können nur solche Darbietungen angesehen werden, bei denen Musik und Gesang den eigentlichen Zweck der Veranstaltung bilden. Wird die Theateraufführung oder das Konzert gewissermaßen als Einlage im Rahmen einer anderen, nicht begünstigten Veranstaltung bewirkt, geht die Steuervergünstigung verloren. Nicht begünstigt sind danach z.B. musikalische und gesangliche Darbietungen im Rahmen einer Tanz-, Sport- oder ähnlichen Veranstaltung.[144]

**Discopartys mit Moderator:** Voraussetzung ist stets, dass die Leistung konzertmäßig ist. Werden von einem als Gastspieldirektion bezeichneten Unternehmen für Auftraggeber Discopartys durchgeführt, in denen ein bekannter Rundfunkmoderator Musik von Tonträgern abspielt und das Publikum unterhält, unterliegen die Umsätze nicht dem ermäßigten Steuersatz des § 12 Abs. 2 Nr. 7a UStG.[145]

Auch der BFH entschied am 12. 1. 2006, dass das Abspielen von Tonträgern kein Konzert iSd. § 12 Abs. 2 Nr. 7a ist.[146]

**Rave-Veranstaltung:** Das Schleswig-Holsteinische Finanzgericht urteilte, dass Voraussetzung für das Vorliegen einer „Konzertveranstaltung" ist, dass Musik und Gesang den eigentlichen Zweck der Veranstaltung bilden. Leistungen anderer Art müssen von so untergeordneter Bedeutung sein, dass dadurch der Charakter als Konzert nicht beeinträchtigt wird.[147]

Auch der Auftritt eines Live-Musikers verwandelt eine Rave-Veranstaltung steuerrechtlich nicht in ein Konzert. Es sei hier vielmehr von einem umgekehrt gelagerten Fall auszugehen, dass nämlich die dem Normalsteuersatz unterliegende Rave-Veranstaltung lediglich durch Live-Musik angereichert wird.[148]

**Ballveranstaltung:** Nach dem BFH[149] hat die Rechtsfrage, ob eine Vielzahl von Einzelleistungen aufgrund eines einheitlichen Vertragsverhältnisses für einheitliches Entgelt umsatzsteuerrechtlich als eine einheitliche Leistung anzusehen ist oder ob mehrere Einzelleistungen vorliegen, keine grundsätzliche Bedeutung. Sie beurteilt sich nach den tatsächlichen Besonderheiten des konkreten Einzelfalls. In dem vom BFH entschiedenen Fall richtete eine Gastspieldirektion für einen Städtischen Kurbetrieb einen Ball aus und führte diesen auf eigene Kosten und eigenes Risiko durch. U.a. erbrachte die Gastspieldirektion folgende Leistungen:

- Kartendruck
- Werbung
- Blumenschmuck
- Tombola
- Gestaltung eines Musik- und Showteils
- Erledigung der GEMA-Formalitäten, Erstellung von Musikfolgen
- Moderation
- Gesamtleitung und Regie.

Da der BFH die für eine Revision erforderliche „grundsätzliche Bedeutung“ iSd. § 115 Abs. 2 Nr. 1 FGO verneinte, wurde in der Sache nicht begründet. Weil die Gastspieldirektion jedoch eine Reihe von Leistungen erbrachte und die konzertmäßige Leistung eindeutig nicht im Vordergrund stand, dürfte – nach Auffassung des Autors – eine Steuerermäßigung nach obigen Ausführungen ausgeschlossen sein. Aufgrund der Vielzahl anders gelagerter Leistungen (Tombola, Moderation, nur ein Musik- und Showteil) liegt kein Konzert iSd. § 12 Nr. 7a UStG vor.

e) **Die Steuerbefreiung.** Die Steuerbefreiung ist u. a. in **§ 4 Nr. 20a + b UStG** geregelt. Danach sind folgende Leistungen von der Umsatzsteuer befreit:

„a) die Umsätze folgender Einrichtungen des Bundes, der Länder, der Gemeinden oder der Gemeindeverbände: Theater, Orchester, Kammermusikensembles, Chöre, (......). Das Gleiche gilt für die Umsätze gleichartiger Einrichtungen anderer Unternehmer, wenn die zuständige Landesbehörde bescheinigt, dass sie die gleichen kulturellen Aufgaben wie die in Satz 1 bezeichneten Einrichtungen erfüllen.
b) die Veranstaltung von Theatervorführungen und Konzerten durch andere Unternehmer, wenn die Darbietungen von den unter Buchstabe a bezeichneten Theatern, Orchestern, Kammermusikensembles oder Chören erbracht werden.“

f) **Der Fall „Die drei Tenöre“.** Aufgrund der Rechtsprechung des EuGH im Falle „Die drei Tenöre“,[150] entschied der 5. Strafsenat des BGH im Jahre 2003[151] nach Vorlage an den EuGH, dass – im Gegensatz zum bisherigen Gesetzeswortlaut – auch ein Gesangssolist eine „kulturelle Einrichtung“ i. S. d. § 4 Nr. 20a UStG darstellt und damit von der Umsatzsteuer befreit sein kann.

Nach der bis zum 31. 12. 2004 geltenden Fassung des § 4 Nr. 20 UStG konnten nur die Leistungen von Kammermusikensembles und Chören von der Umsatzsteuer befreit werden; die Leistungen von Solisten unterlagen dem Regelsteuersatz.

Einer der „bedeutendsten Konzertveranstalter Deutschlands“[152] organisierte u. a. 1996/1997 die Welttournee der drei Tenöre Luciano Pavarotti, Placido Domingo und Jose Carreras. Nach dem BGH zog der beklagte Konzertveranstalter von den in den Jahren 1993–

1997 an ausländische Künstler gezahlten Gagen keine Einkommensteuern und Umsatzsteuern ab, meldete diese bei den Finanzbehörden nicht an und führte sie auch nicht ab, obwohl ihm bekannt war, dass er als Geschäftsführer der als Konzertveranstalter auftretenden vier Unternehmen gem. § 18 Abs. 8 Nr. 1 UStG, §§ 51 ff. UStDV[153] grundsätzlich zum Abzug, zur Anmeldung und zur Abführung von anfallenden Umsatzsteuern verpflichtet war.

**Praxisbeispiel: Wie man es auf keinen Fall machen sollte!**

Nachfolgend führt der BGH auf, welche Verdeckungsmaßnahmen zur Zahlung von Leistungsentgelten (Gagen) an die ausländischen Künstler der Angeklagte ergriff.[154] Wörtlich heißt es in der Entscheidung:

„So wurden ab Beginn des Jahres 1993 im Ausland ansässige Konzertveranstalter zum Schein in die Vertragsabwicklung eingeschaltet, um die Verpflichtung zum Steuerabzug im Inland zu verschleiern.

In einigen Fällen teilte der Angeklagte die an ausländische Künstler gezahlten Gagen in mehrere Teile auf, um jeweils nur ein Drittel dem Steuerabzug zu unterwerfen. Die restlichen Zahlungen wurden als Gegenleistung für die Planung und die Vorbereitung der Auftritte, das Studium des Repertoires oder Beratungsleistungen bezeichnet.

Für die in den Jahren 1996 und 1997 vom Angeklagten veranstaltete weltweite Konzerttournee der drei Tenöre Luciano Pavarotti, Placido Domingo und Jose Carreras verwendete der Angeklagte schließlich eine schwer zu durchschauende Konstruktion von Verträgen und Geldflüssen zwischen einer Mehrzahl von in- und ausländischen Firmen, um die wahren Leistungsbeziehungen zwischen den von ihm geleiteten Firmen und den drei Tenören zu verschleiern und um sich seinen steuerlichen Verpflichtungen zu einem erheblichen Teil zu entziehen.

Von Beginn an war geplant, dass jeder der drei Tenöre bei der Konzertreihe von insgesamt zwölf Konzerten pro Auftritt eine Festgage von netto 1,5 Millionen US-Dollar erhalten solle. Dem Tenor Placido Domingo sollte darüber hinaus jeweils noch eine Zusatzvergütung von 500.000,00 US-Dollar pro Auftritt bezahlt werden. Von den zwölf Konzerten der drei Tenöre fanden zwei in Deutschland statt, nämlich am 3. August 1996 in Düsseldorf und am 24. August 1996 in München. Zur Verschleierung der Höhe dieser Gagen und zur Vermeidung insbesondere der „Künstlereinkommensteuer" in Form eines Steuerabzugs von den Gagen für inländische Konzerte wurden die Leistungsentgelte zu einem erheblichen Teil als angebliche Lizenzzahlungen für das Logo „The-3-Tenors" bezeichnet."[155]

Im Hinblick auf die bei den Konzerten anfallen Umsatzsteuern vertrat der Angeklagte die Auffassung, dass er diesbezüglich keine Umsatzsteuern einbehalten und abführen müsse, da die Veranstaltungen von den Landesbehörden als „gleichartige Einrichtungen" mit „gleichen kulturellen Aufgaben" im Sinne von § 4 Nr. 20 a UStG anerkannt worden seien und damit wie andere begünstigte Einrichtungen, die von Gesetzes wegen von der Umsatzsteuer befreit seien, hätten behandelt werden müssen.

Da das Landgericht[156] die Ansicht vertrat, die Voraussetzungen des § 4 Nr. 20a UStG seien nicht gegeben, weil die Vorschrift auf die Leistung von Solisten – wie im Fall der drei Tenöre – nicht anwendbar sei, verurteilte es den Angeklagten mit Urteil vom 22. 12. 1998 wegen Steuerhinterziehung in 58 Fällen sowie wegen versuchter Steuerhinterziehung und wegen Betruges zu einer Gesamtfreiheitsstrafe von fünf Jahren und acht Monaten und sprach ihn im Übrigen frei.

Aus vorgenanntem Gesamtverfahren hat der BGH das die Umsatzsteuer betreffende Verfahren mit Beschluss vom 5. 4. 2000 abgetrennt. Es umfasste den Vorwurf, der Angeklagte habe in 19 Fällen Umsatzsteuern dadurch verkürzt, dass er entgegen seinen Verpflichtungen gem. § 18 Abs. 8 Nr. 1 UStG, 51 ff. UStDV a.F. als Leistungsempfänger für steuerpflichtige Umsätze, die im Ausland ansässige Unternehmer ihm gegenüber erbracht haben, keinen Steuerabzug vorgenommen habe.

**Vorlage zur Vorabentscheidung durch den Europäischen Gerichtshof zur Frage der Umsatzsteuerpflicht von Gagen ausländischer Künstler**[157]

Dem **Gerichtshof der Europäischen Gemeinschaften** wurde vom BGH gem. Art. 234 Abs. 3 EG sodann folgende Frage zur Vorabentscheidung vorgelegt:

1. Ist Art 13 Teil A Abs. 1 lit. N der Sechsten Richtlinie 77/388/EWG des Rates vom 17. Mai 1977 zur Harmonisierung der Rechtsvorschriften der Mitgliedstaaten über die Umsatzsteuern – Gemeinsames Mehrwertsteuersystem: einheitliche steuerpflichtige Bemessungsgrundlage (......) dahin auszulegen, dass der dort verwendete Begriff „anderen ...... anerkannten Einrichtung“ auch einen Solisten erfasst, der kulturelle Dienstleistungen erbringt?

**Die bahnbrechende Entscheidung des Europäischen Gerichtshofs in der Rechtssache Hofmann zu § 4 Nr. 20 UStG**[158]

Mit Urteil vom 3. 4. 2003 entschied der Europäische Gerichtshof sodann, dass Art 13 Teil A Abs. 1 lit. N der Sechsten Richtlinie 77/388 über die Befreiung bestimmter kultureller Dienstleistungen, die von Einrichtungen des öffentlichen Rechts oder anderen von dem betreffenden Mitgliedstaat anerkannten Einrichtungen erbracht werden, (......) dahin auszulegen ist, dass der Begriff der „anderen ...... anerkannten Einrichtung“ als Einzelkünstler auftretende Solisten nicht ausschließt.

Als Folge dieser bahnbrechenden Entscheidung hatte der deutsche Gesetzgeber sowohl § 4 Nr. 20 UStG, als auch § 12 Nr. 7 UStG dahingehend zu ändern, dass nunmehr auch Leistungen von Solisten von der Umsatzsteuer befreit werden oder zumindest dem ermäßigten Steuersatz unterworfen werden können.[159]

**g) Der Steuerschuldner.** Grundsätzlich ist Steuerschuldner der leistende Unternehmer. Eine Ausnahme von diesem Grundsatz schreibt **§ 13b UStG** im Falle der sonstigen Leistung eines im Ausland ansässigen Unternehmers vor. Abs. 1 der Vorschrift lautet:

(1) Für folgende steuerpflichtige Umsätze entsteht die Steuer mit Ausstellung der Rechnung, spätestens jedoch mit Ablauf des der Ausführung der Leistung folgenden Kalendermonats:
1. Werklieferungen und sonstige Leistungen eines im Ausland ansässigen Unternehmers;

Gemäß **§ 13b Abs. 2 UStG** wird in diesem Fall die Umsatzsteuer vom Leistungsempfänger geschuldet, sofern er ein Unternehmer oder eine juristische Person des öffentlichen Rechts ist:

(2) In den in Absatz 1 Satz 1 Nr. 1 bis 3 genannten Fällen schuldet der Leistungsempfänger die Steuer, wenn er ein Unternehmer oder eine juristische Person des öffentlichen Rechts ist; (......). Die Sätze 1 und 2 gelten auch, wenn die Leistung für den nichtunternehmerischen Bereich bezogen wird. Die Sätze 1 bis 3 gelten nicht, wenn bei dem Unternehmer, der die Umsätze ausführt, die Steuer nach § 19 Abs. 1 nicht erhoben wird.

**h) Praxisbeispiele:**

**Beispiel 1 (Konzert im Inland):** Der im Inland ansässige Schlagersänger S gibt in der Münchener Olympiahalle ein Konzert. Das für den Auftritt mit dem Veranstalter V vereinbarte Honorar beträgt 10.000,00 Euro netto zzgl. gesetzlicher Umsatzsteuer.

**Lösung 1:** S schreibt an V gem. § 12 Abs. 2 Nr. 7a UStG eine Rechnung, in welcher er 7% Umsatzsteuer ausweist. S erbringt eine steuerermäßigte Konzertleistung als ausübender Künstler. Das Gesamthonorar beläuft sich somit auf 10.700,00 Euro.

**Beispiel 2 (Konzert im Ausland):** S tritt im „Oberbayern“ auf Mallorca im Rahmen eines Konzerts auf. Mit V ist ein Honorar iHv. 5.000,00 Euro netto vereinbart.

**Lösung 2:** S schreibt an V eine Rechnung ohne (deutsche) Umsatzsteuer. Sein Auftritt erfolgt gem. § 3a Abs. 2 Nr. 3a UStG dort, wo seine künstlerische Leistung erbracht wird, mithin auf Mallorca und nicht im Inland. Aus diesem Grunde ist seine Leistung nach deutschem Recht nicht umsatzsteuerbar.

**Beispiel 3 (Vermittlung ins Inland):** Agent A vermittelt S in einen Auftritt in die Münchener Olympiahalle. Es ist vereinbart, dass A eine Provision iHv. 20% des Nettohonorars von S bekommt.

**Lösung 3:** A erbringt mit seiner Vermittlungsleistung eine „sonstige Leistung“ i.S.d. § 3 Nr. 9 UStG, welche gem. § 12 Abs. 1 UStG dem Regelsteuersatz iHv. 19% unterliegt. Er weist in seiner Provisionsrechnung an S somit 19% Umsatzsteuer aus.

**Beispiel 4 (Vermittlung ins Ausland):** S wurde von seinem Agenten A für den Auftritt gem. Beispiel 2 ins „Oberbayern“ vermittelt. Es ist vereinbart, dass A als Vermittlungsprovision eine Provision in Höhe von 20% der vereinbarten Gage erhält.

**Lösung 4:** A schreibt an S eine Netto-Provisionsrechnung, in welcher er keine Umsatzsteuer ausweist. Gem. § 3a Abs. 2 Nr. 4 UStG wird eine Vermittlungsleistung an dem Ort erbracht, an dem der vermittelte Umsatz ausgeführt wird. Der vermittelte Umsatz (Auftritt) wurde hier auf Mallorca ausgeführt. Dies hat zur Folge, dass auch die Vermittlungsleistung auf Mallorca und damit in Spanien erbracht wurde und daher nicht nach deutschem Recht umsatzsteuerbar ist.

**Beispiel 5 (die Leistung einer Gastspieldirektion):** Die inländische Konzert- bzw. Gastspieldirektion K liefert Schlagersänger S an den Veranstalter V anlässlich eines Konzerts in München. Zwischen K und V ist ein Nettohonorar iHv. 5.000,00 Euro vereinbart.

**Lösung 5:** K schreibt an V eine Rechnung und weist zum Nettohonorar die gesetzliche Umsatzsteuer iHv. 19% aus. Nach der Neufassung des § 12 Abs. 2 Nr. 7a zum 1. 1. 2005 ist die Leistung einer den Künstler „liefernden“ Gastspieldirektion nicht mehr vom Ermäßigungstatbestand des § 12 Abs. 2 Nr. 7a erfasst, so dass hier der Regelsteuersatz iHv. 19% in Ansatz zu bringen ist.[160]

**Beispiel 6 (Verkauf von Eintrittskarten):** Veranstalter V verkauft Eintrittskarten für ein Konzert mit S in der Münchener Olympiahalle.

**Lösung 6:** Gem. § 12 Abs. 2 Nr. 7a UStG hat er auf den Eintrittskarten („Eintrittsberechtigungen“) 7% Umsatzsteuer auszuweisen.

## § 3
## Zahlungsmodalitäten, Steuern, Künstlersozialabgabe

**Die Gage gem. § 2 ist wie folgt zahlbar:**

1. **Eine Vorauszahlung iHv. € 2.500 durch Überweisung auf das Konto des Künstlers ...... bis zum 30. 5. 2008.** 1 Monat vor Gig
2. **Die Restgage iHv. € 500,00 ist in bar 2 Stunden vor dem Auftritt des Künstlers an den Künstler zur Zahlung fällig.**

**<u>Nachfolgend zutreffendes bitte ankreuzen:</u>**

☐ **Künstler ist beschränkt steuerpflichtig i.S.d. §§ 49ff. EStG, da er seinen Wohnsitz bzw. ständigen Aufenthalt i.S.d. §§ 8, 9 AO im Ausland hat. Der Veranstalter zieht von der Gage des Künstlers die Steuer gem. § 50a Abs. 5 EStG ab und zahlt sie an das zuständige Finanzamt. Der Künstler erhält auf Wunsch eine entsprechende Quittung. Veranstalter zahlt die Restgage iHv. € ...... an den Künstler aus.**

☐ **Künstler ist beschränkt steuerpflichtig i.S.d. §§ 49ff. EStG, da er seinen Wohnsitz bzw. ständigen Aufenthalt i.S.d. §§ 8, 9 AO im Ausland hat. Die Gage gem. § 1 ist netto ohne Abzug an den Künstler auszuzahlen. Die Steuern gem. § 50a Abs. 5 EStG werden vom Veranstalter zusätzlich übernommen. Dieser zahlt die anfallende Steuer iHv. € ...... an das zuständige Finanzamt und stellt dem Künstler auf dessen Wunsch eine Quittung aus.**

☐ **Künstler ist ein im Ausland ansässiger Unternehmer. Gem. § 13b Abs. 2 UStG ist Veranstalter, sofern er Unternehmer i.S.d. § 2 UStG ist, Schuldner der auf das Honorar entfallenden Umsatzsteuer. Künstler weist die Umsatzsteuer in seiner Rechnung gem. § 14a Abs. 5 UStG nicht aus. Veranstalter meldet die Umsatzsteuer beim zuständigen Finanzamt an und führt diese fristgemäß ab.**

☐ **Die auf das Honorar anfallende Künstlersozialabgabe iHv. € ....... führt Veranstalter fristgemäß an die Künstlersozialkasse ab.**

## Erläuterungen

Während es bei populäreren Künstlern bzw. Bands aus USA und England üblich ist, eine Vorauszahlung in Höhe von 50% des vereinbarten Honorars bereits 4 Wochen vor dem Konzert zu verlangen (andernfalls treten die Künstler die Reise zum Veranstaltungsort zumeist erst gar nicht an), kann eine Vorauszahlung oder Vorkasse in Europa noch nicht als branchenüblich bezeichnet werden.

Da es in der Praxis aber Fälle gibt, in denen Veranstalter die Zahlung des Honorars mit der Begründung verweigern, dass ihnen der Auftritt nicht gefallen habe oder dass zu wenige Zuschauer anwesend waren, sei den Künstlern, ihren Managements und Agenten an dieser Stelle angeraten zumindest zu vereinbaren, dass das Honorar am Veranstaltungstag 2 Stunden vor dem Auftritt in bar zu zahlen ist. Aufgrund der nachträglichen Sperrmöglichkeit, sollten Schecks grundsätzlich nicht akzeptiert werden.

**Praxisbeispiel:** Im Konzertvertrag zwischen dem Veranstalter V und dem Künstler K ist vereinbart, dass das Honorar am Veranstaltungstag 2 Stunden vor dem Auftritt an K zu zahlen sei. Zur vereinbarten Zeit teilt V K mit, dass er das Honorar erst nach erfolgtem Auftritt zahlen wolle.

Sicherheitshalber sollte K dem V – möglichst unter Hinzuziehung von Zeugen – eine kurze Frist (15 Minuten) setzen und zur Vornahme der Zahlung innerhalb dieser Frist auffordern und für den Fall der Nichtzahlung den Rücktritt vom Vertrag und die Forderung von Schadensersatz ankündigen. Verweigert V die Zahlung erneut und nimmt diese nicht innerhalb der gesetzten Frist vor, sollte K vom Vertrag zurücktreten (§ 323

BGB). Der Rücktritt entbindet den Künstler von seiner Verpflichtung zum Auftritt. Darüber hinaus kann er V nunmehr auf die Leistung von Schadensersatz in Höhe der vereinbarten Gage (ohne Umsatzsteuer)[161] in Anspruch nehmen.

## § 4
## Nebenpflichten und Nebenleistungen

1. Der Veranstaltungsraum muss für den Aufbau der Anlage am Veranstaltungstag ab 16.00 Uhr geöffnet sein. Der Soundcheck findet zwischen 18.00 Uhr und 19.00 Uhr statt.
2. Der Veranstalter wird den Saal für das Publikum nicht vor 19.30 Uhr öffnen.
3. a) Übernachtung (Zutreffendes ist anzukreuzen):
   - ☐ Der Veranstalter trägt die Kosten der Übernachtung inkl. Frühstück in einem 5 Sterne-Hotel für insgesamt 6 Personen für die Nächte vom 29. 6. 2008 bis zum 1. 7. 2008. Folgende Zimmer werden gebucht: 3 Einzelzimmer; 1 Doppelzimmer; 1 Präsidentensuite.
     Der Veranstalter bucht das Hotel und gibt die Hotelanschrift rechtzeitig bekannt.
   - ☐ Der Künstler organisiert die Übernachtung und trägt seine Übernachtungskosten selbst.
   - ☐ Der Veranstalter zahlt, wie vereinbart, eine Hotelkostenpauschale
     iHv. € ...... zzgl. ......% USt. = € ...... insgesamt € ......
3. b) Reisekosten (Zutreffendes ist anzukreuzen):
   Der Veranstalter trägt die Reisekosten wie folgt:
   - ☐ Erstattung der PKW-/Bahn-/Flug-/Reisekosten des Künstlers (Bahn: 2. Klasse; Flug: economy-class) gegen Vorlage entsprechender Belege. Der Veranstalter wird die Reisekosten am ...... auszahlen.
   - ☐ Der Veranstalter bucht und zahlt den Flug/die Flüge des Künstlers wie folgt: ...... . Die Flugtickets sind bis zum ...... an den Künstler per Einschreiben zu übersenden.
   - ☐ Der Veranstalter zahlt eine Reisekostenpauschale iHv. € ...... zzgl. ......% USt. = € ...... insgesamt € ....... Der Betrag wird dem Künstler zusammen mit dem Honorar am ...... ausgezahlt.
   - ☐ Der Künstler organisiert die Reise zum Veranstaltungsort und zurück und übernimmt die Reisekosten selbst.

3. c) Verpflegung
- ☐ Der Veranstalter zahlt eine Cateringpauschale iHv. € .......
- ☐ Der Veranstalter stellt Speisen und Getränke in angemessenem Umfang für den Künstler und seine Begleiter für den Zeitraum von 2 Stunden vor bis 2 Stunden nach der Veranstaltung.
- ☐ Der Veranstalter stellt das Catering gemäß anliegender Anlage 1.

3. d) Technische Nebenleistungen
- ☐ Veranstalter stellt auf seine Kosten eine zur Beschallung der Veranstaltung ausreichende Verstärkeranlage mit mindestens 8 Mikrofonen, Mischpult sowie Ton und Licht gem. Anlage 2.
- ☐ Künstler stellt Ton und Licht gem. Anlage 2.
- ☐ Künstler stellt die komplette Backline gem. Anlage 3.
- ☐ Veranstalter stellt folgende Stromanschlüsse zur Verfügung: ......
- ☐ Veranstalter stellt für den Aufbau ab 16.00 Uhr am Veranstaltungstag und für den Abbau nach der Veranstaltung 3 kräftige Roadies/Stagehands zur Verfügung.
- ☐ Veranstalter stellt 4 abschließbare Garderobenräume mit Waschgelegenheit.
- ☐ Sonstiges: ......

3. e) Bewerbung der Veranstaltung

Der Veranstalter wird die Veranstaltung ab 8 Wochen vor dem Konzert in branchenüblicher Weise wie folgt bewerben:
- Rechtzeitige Übermittlung von Veranstaltungshinweis und Bandfoto an folgende Veranstaltungsmagazine: ......;
- Schaltung von mindestens 4 Veranstaltungsanzeigen („Stoppern“) in folgenden Zeitschriften/Magazinen: ......
- Plakatierung der Veranstaltung in folgenden Gebieten: ......
- Übermittlung von Veranstaltungshinweis und aktueller CD des Künstlers an folgende Radiostationen: ......
- Übermittlung von Veranstaltungshinweis und aktueller CD des Künstlers an folgende TV-Sender: ......
- ......
- Online
- Social Media

## Erläuterungen

Welche Vertragspartei eine bestimmte Nebenleistung zu erbringen hat, ist frei vereinbar. In der Regelung über Nebenpflichten/Nebenleistungen wird vereinbart, welche Vertragspartei die Kosten der Übernachtung trägt bzw. ob eine Hotelkostenpauschale gezahlt wird.

Darüber hinaus werden Vereinbarungen über die Kosten der An- und Abreise des Künstlers getroffen, sowie Regelungen über die Zahlung einer Cateringpauschale, etwaige technische Nebenleistungen wie Verstärkeranlage, Monitormix, Ton und Licht, Backline, Stromanschlüsse, Bühnenhilfskräfte, Garderobenraum, etc. getroffen.

Nach einer Entscheidung des OLG Karlsruhe[162] hat der Konzertveranstalter im Rahmen seines als Werkvertrag anzusehenden Gastspielvertrages gegenüber dem Künstler eine Obhuts- und Fürsorgepflicht. Er hat im Rahmen des Möglichen und Zumutbaren dafür zu sorgen, dass Gesundheit und Eigentum des Künstlers bei der Vertragserfüllung nicht zu Schaden kommen. Danach erstreckt sich die Obhuts- und Fürsorgepflicht des Veranstalters nicht nur auf die mitgebrachten Musikinstrumente, sondern auch auf die in der Garderobe zurückgelassene Kleidung. Der Künstler muss sich auf eine genügende Sicherung seines Eigentums verlassen dürfen, damit er unbeschwert musizieren kann.[163] Nach der Auffassung des OLG Karlsruhe bezieht sich dies grundsätzlich auch auf den Tascheninhalt. Der meistens im Frack auftretende Musiker wird seine Brieftasche, seine Armbanduhr und ähnliche Gegenstände in der Garderobe lassen wollen. Dies sei allgemein üblich und dem Konzertveranstalter bekannt.

Will ein Künstler allerdings einen wertvollen Gegenstand (z.B. Schmuck oder höhere Bargeldbeträge), den er bei der Darbietung nicht bei sich führen kann, zum Veranstaltungsort mitbringen, hat er dies dem Veranstalter zu offenbaren, damit dieser besondere Schutzmaßnahmen ergreifen kann; tut er dies nicht, ist er im Falle eines Diebstahls am Verlust seiner wertvollen Sachen selbst schuld.[164]

Auch nach einem Urteil des KG Berlin[165] ist der Veranstalter dem Künstler gegenüber verpflichtet, dessen Eigentum im Rahmen des Zumutbaren gem. § 242 BGB nach dem Grundsatz von Treu und Glauben vor Schäden zu schützen. Gegenüber dem Künstler besteht so u.a. die vertragliche Nebenpflicht, ein Instrument des Musikers (hier: Kontrabass) durch geeignete organisatorische Maßnahmen auch nach dem Konzertende vor einem Diebstahl zu schützen.[166] Diese Pflicht hatte der Veranstalter im zu entscheidenden Fall verletzt, da er nicht für ausreichend Personal gesorgt hatte, welches „lückenlos bis zum Weggehen der Künstler“ anwesend war.

Ein Konzertveranstalter, welcher dem Künstler während des Auftritts gemäß dem abgeschlossenen Konzertvertrag einen abschließbaren Garderobenraum zur Verfügung zu stellen hat, dies jedoch unterlässt, haftet im Falle eines Diebstahls dem Künstler gehörender Gegenstände aus der Künstlergarderobe aufgrund Positiver Forderungsverletzung.[167]

Das KG stellt bezüglich dem **Konzertende** fest, dass ein Konzert nicht mit Darbietungsende, sondern erst dann beendet ist, wenn die ausübenden Künstler den Konzertsaal und die Nebenräume verlassen haben.[168]

In (umsatz-)steuerlicher Hinsicht gilt in Bezug auf die Nebenleistungen der Satz: Die Nebenleistung teilt das Schicksal der Hauptleistung.

## § 5
## Wesentliche Bestandteile (Anlagen)

**Diesem Vertrag sind folgende Anlagen beigefügt (Zutreffendes ist anzukreuzen):**

**☐ Eine Cateringanweisung, ...... Seite(n), Anlage 1**

**☐ Ton- und Lichtplan, ...... Seiten, Anlage 2**

**☐ Eine Bühnenanweisung, ...... Seiten, Anlage 3**

**Vorgenannte Anlagen 1–3 sind wesentliche Bestandteile dieses Vertrages.**

### Erläuterungen

Eine Bühnenanweisung ist im Regelfall ebenso unverzichtbarer Bestandteil eines jeden Konzert-, Künstler- oder Gastspielvertrages, wie der Bühnenplan. Je nach Bandgröße, beansprucht der Künstler bzw. die Künstlergruppe eine Bühne mit gewissen Mindestmaßen, die der Veranstalter im entsprechenden Vertrag zu garantieren hat. Im Rahmen der Bühnenanweisung bzw. des Bühnenplans wird aber nicht nur die Größe der Bühne, sondern auch die Beschaffenheit und Größe der erforderlichen PA, des Monitorsystems (monitoring) und die Details des Mischpults, der Standort des Mischers (z.B. front of house; f.o.h.) und gegebenenfalls eines Effekt-Boards vereinbart. Ein integrierter Kanal-Belegungsplan sowie ein Bühnenplan, welcher die Aufstellung der Verstärker- und Monitoranlage auf der Bühne wiedergibt, sind in diesem Zusammenhang unverzichtbar.

Um spätere Streitigkeiten zwischen den Vertragsparteien zu vermeiden, empfehlt es sich, insbesondere die Vereinbarungen der **Bühnenanweisung,** welche den technischen Ablauf der jeweiligen Veranstaltung sicher stellen sollen, als wesentliche Vertragsbestandteile zu kennzeichnen. Allein das nicht zur Verfügung stellen erforderlicher Stromanschlüsse oder einer Bühne mit den erforderlichen Mindestmaßen, kann zum Ausfall einer Veranstaltung führen, so dass auf diesen Teil des Vertrags besonderes Augenmerk zu richten ist.

Das Gleiche gilt für den **Lichtplan** oder die sog. **Lichtanweisung.** Während bereits im Vertrag (z.B. Konzert- oder Künstlervertrag) geregelt wird, welche der Vertragsparteien die Lichtanlage zu stellen hat, ergeben sich die Anforderungen an die Lichtanlage aus dem ebenfalls als Anlage beigefügten konkreten Lichtplan. Hier wird u.a. vereinbart, ob ein oder mehrere sog. Verfolger zum Einsatz kommen.

Geregelt werden sollte bereits im Vertrag, welche Vertragspartei den verantwortlichen Lichttechniker stellt, und wer die Lichtanlage während des Auftritts bedient.

Das Erfüllen der vom Künstler gewünschten **Cateringanweisung** zahlt sich zumeist für den Veranstalter aus. Ein zufriedener Künstler bringt auf der Bühne eine bessere Leistung, als ein enttäuschter Künstler. Der Veranstalter sollte also nicht am falschen Ort sparen. Eine branchenübliche Cateringanweisung könnte wie folgt aussehen:

Cateringanweisung

Vom Veranstalter zu stellendes Catering im Zeitraum von Eintreffen der Crew/der Künstler am Veranstaltungsort bis Abbauende:

- 2 Kästen stilles Mineralwasser,
- 1 Kasten Apfelsaft, 1 Kasten Orangensaft,
- ausreichend schwarzer Tee, Kaffee (inkl. Zucker, Vollmilch) sowie reichlich Obst verschiedener Sorten: Bananen, Trauben, Äpfel
- 30 mit verschiedenen Wurst- und Käsesorten belegte Brötchen für 10 Personen
- mindestens 3 verschiedene große Salatschüsseln mit Dressing (auch Essig und Öl)
- für die anreisenden Vegetarier (2 Personen) sind ausreichend Käse und vegetarische Aufstriche (zwei Sorten) sowie Bio-Joghurts für 10 Personen bereit zu halten.

Bühnengetränke:

- 2 Kästen Bier (gekühlt) sowie 10 Flaschen Mineralwasser und 1 Flasche hochwertiger Rotwein (franz. Cabernet Sauvignon).

Zu stellendes Catering nach der Show:

- Warme Mahlzeiten für 10 Personen; bitte 2 vegetarische Gerichte. 2 Flaschen irischer Whisky sowie 2 Kannen Kaffee für die Fahrer.

## § 6
## Weisungsfreiheit

**1. Der Künstler ist in der Programmgestaltung und Darbietung seiner künstlerischen Leistung völlig frei und unterliegt keinerlei Weisungen des Veranstalters.**
**2. Veranstalter hat die Gage unabhängig von dem Erfolg des Künstlers in seiner Darbietung beim Publikum zu zahlen.**

### Erläuterungen

In dieser Vereinbarung sollte zumindest im Tagesgeschäft der Unterhaltungsmusik (Rock, Pop, Schlager, Jazz etc. im weitesten Sinne) festgehalten werden, dass der Künstler weder in der Programmgestaltung noch in seiner Darbietung Weisungen des Veranstalters unterliegt. Eine solche Klausel spricht dafür, dass mangels Weisungsgebundenheit kein Arbeitsverhältnis vorliegt. Ferner sollte im Interesse des Künstlers rein vorsorglich festgeschrieben werden, dass die Zahlung des Honorars unabhängig von dem Erfolg des Künstlers am Konzertabend zu zahlen ist.

## § 7
## Ausfall der Veranstaltung

**1. Entfällt der Auftritt aufgrund Verschulden des Künstlers, hat der Künstler dem Veranstalter den hieraus entstandenen Schaden bis zu einer Höhe von ...... Euro zu ersetzen.**
**2. Entfällt der Auftritt durch Verschulden des Veranstalters, zahlt Veranstalter dem Künstler die in § 2 vereinbarte Gage ohne Umsatzsteuer. Ersparte Aufwendungen des Künstlers werden abgezogen.**
**3. Im Falle des Ausfalls der Veranstaltung aufgrund höherer Gewalt werden die Parteien von ihren vertraglichen Verpflichtungen entbunden. Bis dahin getätigte Aufwendungen trägt jede Partei selbst.**

### Erläuterungen

1. Höhere Gewalt
2. Wegfall der Geschäftsgrundlage

In § 7 werden Regelungen für den Fall getroffen, dass die Veranstaltung ausfällt. Trifft den Künstler am Ausfall des Auftritts ein Verschulden, hat er dem Veranstalter den hieraus entstandenen Schaden zu ersetzen. Dem Künstler bzw. seinem Bevollmächtigten sei an dieser Stelle angeraten, den maximal zu ersetzenden Schaden der Höhe nach, beispielsweise in Höhe der vereinbarten Gage, zu begrenzen.

Trifft den Veranstalter ein Verschulden am Ausfall des Auftritts, soll der Künstler nicht besser stehen, als er stünde, wenn er die konzertmäßige Leistung erbracht hätte. Aus diesem Grunde ist es üblich, dass der Veranstalter dem Künstler die vereinbarte Vergütung – jedoch ohne Umsatzsteuer, da kein umsatzsteuerbares Austauschgeschäft vorliegt – ohne Umsatzsteuer zahlt. Zudem muss sich der Künstler die ersparten Aufwendungen, wie z. B. nicht getätigte Reise- und/oder Hotelkosten in Abzug bringen lassen.

### 1. Höhere Gewalt

In der Konzert- und Veranstaltungsbranche ist die Fehlvorstellung verbreitet, dass bereits ein heftiger Regenschauer während eines Open-Air-Konzerts höhere Gewalt sei. Dies ist unzutreffend. Höhere Gewalt liegt vor, wenn die Verhinderung bzw. Störung, die zur Nichterfüllung des Vertrages führt, auf Ereignissen beruht, die auch durch die äußerste, billigerweise zu erwartende Sorgfalt nicht vorausgesehen und verhütet werden konnten; schon das geringste Verschulden des Gläubigers schließt höhere Gewalt aus.[169]

Beispiele höherer Gewalt sind z. B. postalische Verzögerungen,[170] Krieg oder Kriegsgefahr,[171] innere Unruhen, instabile politische Verhältnisse,[172] in der Regel nicht schon einzelne terroristische Anschläge oder Drohungen,[173] Epidemien, Naturkatastrophen.[174]

Nach der Definition des BGH ist höhere Gewalt ein von außen kommendes und keinen betrieblichen Zusammenhang aufweisendes, nicht vorhersehbares, auch durch äußerste vernünftigerweise zu erwartende Sorgfalt nicht abwendbares Ereignis. Für den Bereich der Konzert- und Veranstaltungsbranche kann es sich beispielsweise bei Maul- und Klauenseuche (MKS), kriegerischen Ausinandersetzungen, Naturkatastrophen und Streiks um höhere Gewalt handeln.

Ob es sich z. B. bei einem Taifun um höhere Gewalt handelt, hängt somit nicht nur von dessen Stärke, sondern auch davon ab, ob er von den zuständigen Behörden vorhergesagt wurde, oder nicht.

### 2. Wegfall der Geschäftsgrundlage

Das OLG Karlsruhe entschied im Jahre 1992 anlässlich des gerade ausgebrochenen Golfkrieges I., dass wegen Wegfalls der Geschäftsgrundlage kein Vergütungs-, Entschädigungs- oder Schadenersatzanspruch von Musikern gegen die Veranstalter besteht, wenn der vereinbarte Auftritt am Fasching 1991 scheiterte bzw. abgesagt werden musste, weil die vorgesehene gemeindeeigene Halle wegen des Ausbruchs des Golfkrieges von der Gemeinde nicht zur Verfügung gestellt und die Veranstaltung abgesagt wurde.[175]

## § 8
## Gebietsschutzklausel

**Es wird folgende Gebietsschutzklausel vereinbart (Zutreffendes ist anzukreuzen und auszufüllen): Der Künstler verpflichtet sich, für einen Zeitraum von 30 Tagen vor und 30 Tagen nach dem vertragsgegenständlichen Auftritt dazu, nicht anderweitig**

- ☐ **in einem Umkreis von 200 Kilometern um den Veranstaltungsort aufzutreten;**
- ☐ **in Deutschland aufzutreten.**

### Erläuterungen

In denjenigen Fällen, in denen dem Veranstalter daran gelegen ist, dass der Künstler in einem gewissen Zeitraum vor und nach der vertragsgegenständlichen Veranstaltung nicht in einem gewissen Umkreis um den Veranstaltungsort herum auftritt, empfiehlt sich die Vereinbarung einer solchen Gebietsschutzklausel.

Im Falle des Ein- und Verkaufs von Künstlern ist genau darauf zu achten, dass beide Verträge (der Künstlervertrag und der Gastspielvertrag) die identische Gebietsschutzklausel enthalten. Andernfalls muss sich die Gastspieldirektion ein Verschulden des von ihr gelieferten Künstlers als eigenes Verschulden gem. § 278 BGB zurechnen lassen.[176]

## § 9
## TV-Klausel

**Sollte Künstler bis spätestens 3 Wochen vor Stattfinden des Auftritts schriftlich nachweisen, dass er nach Abschluss dieses Vertrages die Möglichkeit angeboten bekam, einen TV-Auftritt in ARD, ZDF, SAT 1, RTL oder PRO 7 zu absolvieren, wird er aus den Verpflichtungen dieses Vertrages frei. In diesem Fall hat Künstler unverzüglich einen zeitnahen Ersatzauftritt zu gleichen Konditionen dieses Vertrages mit Veranstalter schriftlich zu vereinbaren. Einen durch die Absage des Auftritts etwaig entstandenen nachgewiesenen Schaden hat der Künstler dem Veranstalter zu ersetzen.**

### Erläuterungen

Es kommt immer wieder vor, dass Künstlern oder Künstlergruppen nach Abschluss eines Vertrages die Möglichkeit eingeräumt wird, einen kurzfristig angebotenen Auftritt bei einem Major-TV-Sender, wie z. B. ARD oder ZDF, absolvieren zu können.

Möchte sich der Künstler diese Möglichkeit offen halten, ohne dass er aufgrund eines Vertragsbruchs vollumfänglich auf die Leistung von Schadenersatz in Anspruch genommen wird, muss er eine so genannte TV-Klausel vereinbaren. In der Ausgestaltung dieser Klausel sind die Parteien völlig frei. Dem Veranstalter kann jedoch nicht angeraten werden, diese Klausel unbefristet abzuschließen. Möglich ist, den Künstler aus den Vereinbarungen des Vertrages zu entlasten, sofern er bis spätestens drei Wochen vor Stattfinden des Auftrittes schriftlich nachweist, dass er nach Abschluss des Konzertvertrags die Möglichkeit angeboten bekam, einen der vorgenannten TV-Auftritte zu absolvieren. In diesem Fall kann man ihm aus den Verpflichtungen des Vertrages entlassen. Jedoch muss er im gleichen Atemzug dazu verpflichtet werden, einen zeitnahen Ersatzauftritt zu gleichen Konditionen zu vereinbaren und den durch die Absage des Auftritts etwaig entstandenen nachgewiesenen Schaden des Veranstalters ersetzen. Andernfalls ist die Vereinbarung einer TV-Klausel für den Veranstalter nicht zu empfehlen.

## § 10
## Krankheitsklausel

**Ist der Künstler oder ein Mitglied der Band erkrankt und kann Künstler deshalb nicht auftreten, hat Künstler dies Veranstalter unverzüglich mitzuteilen und durch ärztliches Attest nachzuweisen. Die Verpflichtung von Künstlers zum Auftritt und die Verpflichtung von Veranstalters zur Zahlung der Gage entfallen in diesem Fall. Den Parteien bleibt es nachgelassen, einen Ersatzauftritt zu gleichen Konditionen zu vereinbaren.**

### Erläuterungen

Grundsätzlich gilt im Falle der Krankheit § 616 BGB (vorübergehende Verhinderung). Nach dieser Vorschrift wird der zur Dienstleistung verpflichtete Künstler des Anspruchs auf die Vergütung nicht dadurch verlustig, dass er für eine verhältnismäßig nicht erhebliche Zeit durch ein in seiner Person liegenden Grund ohne sein Verschulden an der Dienstleistung verhindert wird. Da diese Vorschrift für alle, nicht nur für dauernde Dienstverhältnisse gilt, verlöre der zum Auftritt verpflichtete Künstler im Falle der Krankheit seinen Honoraranspruch zunächst nicht. Allerdings handelt es sich bei § 616 BGB nicht um zwingendes Recht, so dass er grundsätzlich abdingbar ist.[177]

In der Konzert- und Veranstaltungsbranche hat sich die in § 12 vorgeschlagene Regelung eingebürgert. Ist der Künstler durch Krankheit an der Durchführung des Auftritts verhindert, hat er dies dem Veranstalter unverzüglich mitzuteilen und durch ärztliches Attest nachzuweisen. In diesem Falle entfallen die Auftrittspflicht des Künstlers und die Vergütungspflicht des Veranstalters.

## § 11
## Genehmigungen/Versicherungen/Haftung/Sponsoren

1. **Der Veranstalter ist für die Einholung aller für die Durchführung der Veranstaltung erforderlichen behördlichen Genehmigungen verantwortlich.**
2. **Veranstalter verpflichtet sich, für die Veranstaltung eine Veranstalter-Haftpflichtversicherung mit einer Deckungssumme iHv.**

**mindestens € 5.000.000,00 für Personenschäden und iHv. mindestens € 1.000.000,00 für Sachschäden abzuschließen.**

**3. Künstler haftet nur für etwaige Schäden, die von Künstler schuldhaft verursacht werden, sofern diese Schäden binnen 3 Tagen nach Ende des Konzerts gegenüber Künstler schriftlich angezeigt werden. Jegliche Haftung für leichte Fahrlässigkeit wird ausgeschlossen.**

**4. Der Einsatz von Sponsoren und/oder Präsentatoren sowie der Werbeeinsatz von Bannern und Werbetafeln etc. bedürfen der schriftlichen Zustimmung von Künstler.**

**Erläuterungen**

1. Versicherungen
2. Einsatz von Sponsoren
3. Praxisbeispiel

Die Vereinbarung, wonach der Veranstalter für die Einholung aller für die Durchführung der Veranstaltung erforderlichen behördlichen Genehmigungen verantwortlich ist, ist rein deklaratorischer Natur. Es ist eine Selbstverständlichkeit, dass der Veranstalter, z. B. der Inhaber eines Musikclubs, in Besitz einer entsprechenden behördlichen Genehmigung zur Durchführung von Musik- bzw. Konzertveranstaltungen in seinen Räumen sein muss.

## 1. Versicherungen

Da die Durchführung einer Konzertveranstaltung nicht nur mit einem Risiko für Sachwerte (z. B. Instrumente, Verstärkeranlage, PA, Mischpult, etc. ......), sondern auch mit einem gewissen Risiko für Leib und Leben der Künstler, deren Hilfskräfte sowie des Publikums verbunden ist, ist jedem Veranstalter eines Konzerts dringend angeraten, eine entsprechende Veranstalter-Haftpflichtversicherung abzuschließen. Mit einer solchen Betriebs- oder Berufshaftpflichtversicherung kann sich der Veranstalter in gewissem Umfang vor Schadensersatzansprüchen der Verletzten schützen. Wichtig beim Abschluss einer solchen Veranstalter-Haftpflichtversicherung ist für den Veranstalter, dass er das jeweilige versicherte Risiko detailliert beschreibt und diese Beschreibung im Versicherungsschein wiedergegeben wird.

Die einschlägigen Versicherungsmakler bieten – abhängig vom Umsatz des jeweiligen Veranstalters und der Zahl seiner Veranstaltungen – sowohl Jahresversicherungsverträge, als auch auf die jeweilige Veranstaltung bezogene Versicherungsverträge an. Daneben gibt es spezielle Berufshaftpflichtversicherungen für Theater- und

Veranstaltungstechniker, technische Veranstaltungsplaner, Hilfskräfte (Roadies), Tänzer, Artisten, Musiker und DJs.

Besonderes Augenmerk sollte auf die Tatsache gerichtet werden, dass Sachschäden an gemieteter Technik bzw. gemieteten Sachen in einer normalen Haftpflichtversicherung grundsätzlich nicht mitversichert sind. Solche Risiken können über eine so genannte Equipmentversicherung abgesichert werden. Eine Google-Recherche unter den Stichworten „Veranstalterversicherung“, „Eventversicherung“ oder „Berufshaftpflichtversicherung“ und „Veranstaltungsversicherung“ führt zu einer Vielzahl von entsprechenden professionellen Anbietern.

### 2. Einsatz von Sponsoren

Um späteren Streit zu vermeiden, ist die Vereinbarung der Klausel in § 11 Ziffer 4 unvermeidlich. Die Vertragsparteien, beispielsweise Künstler und Veranstalter, müssen sich darüber einig sein, welcher Sponsor vertraglich eingebunden wird. Ein Beispiel aus der Praxis belegt, dass vorgenannte Einigung über den Einsatz eines Sponsors unverzichtbar ist:

### 3. Praxisbeispiel

Der Hamburger Veranstalter eines Open-Airs hat die Band XY im Rahmen eines Künstlervertrages für einen Open-Air-Auftritt verpflichtet. In dem Künstlervertrag findet sich keine Regelung über den Einsatz eines Sponsors der Veranstaltung und keine Wohlverhaltensklausel.

Der Veranstalter hat seinerseits einen Sponsoringvertrag mit dem bekannten Telefonhersteller N geschlossen. Im Rahmen dieses Sponsoringengagements ist N berechtigt, Werbebanner und Plakate und Werbetafeln auf dem Veranstaltungsgelände aufzustellen. Als die Band XY die Bühne betritt, begrüßt die Sängerin das anwesende Konzertpublikum mit den Worten: „Was soll diese scheiß Handy-Werbung? Wir hassen Handys; schmeißt eure Handys doch bitte in den Müll“.

In diesem Praxisbeispiel hat es sich katastrophal für den Veranstalter ausgewirkt, dass er die Künstler nicht vorab über seinen Sponsoringengagement informiert und in seinem mit den Künstlern geschlossenen Konzertvertrag keine entsprechende Wohlverhaltensklausel gegenüber Dritten (hier: dem Sponsor) vereinbart hat.

## § 12
## Salvatorische Klausel, Schriftformvereinbarung

**1. Änderungen und Ergänzungen dieses Vertrages bedürfen der Schriftform. Dies gilt auch für einen etwaigen Verzicht auf die Schriftform. Nebenabreden sind nicht getroffen. Soweit eine der Bestimmungen dieses Vertrages unwirksam sein sollte, berührt dies nicht die Gültigkeit des Vertrages im Übrigen. Eine etwaig unwirksame Bestimmung ist durch eine gesetzlich zulässige, ihrem wirtschaftlichen Zweck entsprechende Bestimmung zu ersetzen.**
**2. Die Rechtsbeziehungen der Vertragsparteien unterliegen deutschem Recht. Erfüllungsort ist ......, Deutschland.**

### Erläuterungen

Die salvatorische[178] Klausel bezeichnet eine Bestimmung, welche die Rechtsfolgen beschreibt, die eintreten, wenn einzelne Regelungen eines Vertrages unwirksam sind. Wesentlicher Zweck der salvatorischen Klausel ist, dass die Unwirksamkeit einzelner Bestimmungen (Teilnichtigkeit) nicht die Nichtigkeit des gesamten Vertrages zur Folge hat. Nach § 139 BGB ist in dem Fall, in dem ein Teil eines Rechtsgeschäfts nichtig ist, das ganze Rechtsgeschäft nichtig, wenn nicht anzunehmen ist, dass es auch ohne den nichtigen Teil vorgenommen sein würde.

Zu empfehlen ist, dass die salvatorische Klausel in jedem Vertrag ausdrücklich vereinbart wird.[179]

Da § 139 BGB dispositives Recht ist,[180] kann er durch Abrede der Parteien abbedungen werden. Zu unterscheiden sind davon so genannte Erhaltungs- und Ersetzungsklauseln.[181] Standardmäßig verwendete Erhaltungsklauseln, nach denen das Rechtsgeschäft ohne die nichtige Regelung wirksam sein soll, entbinden die Parteien in der Regel nicht von der vorzunehmenden Abwägung; sie weisen nur demjenigen die Beweislast zu, der sich auf die Gesamtnichtigkeit des Vertrages beruft.[182]

## § 13
## Zusatzvereinbarungen

Weitere individuelle Zusatzvereinbarungen:
1. ......;
2. ......;
3. .......

| ____________________ | ____________________ |
|---|---|
| (Künstler) | (Veranstalter) |

Es sind eine Vielzahl individueller zusätzlicher Regelungen denkbar, deren Darstellung hier den Rahmen sprengen würde.

## II. Der Künstlermanagementvertrag[183]

zwischen[184]

Herrn/Frau ......, ......
– nachstehend „Management“ genannt –
und dem Künstler/der Künstlerin ......,
– nachstehend „Künstler“ genannt –
vertreten durch ihre Erziehungsberechtigten
Frau ......, ......, ......,
Herr ......, ......, ......,
wird folgender Vertrag geschlossen:

### § 1
### Vertragsgegenstand

1. Der Künstler beauftragt das Management mit seiner umfassenden Karriereförderung.
2. Das Management übt die Tätigkeit gem. Ziffer 1 in folgendem territorialem Umfang aus: GAS (Germany, Austria, Switzerland).

### § 2
### Exklusivität

Bei vorliegendem Vertrag handelt es sich um einen Exklusivvertrag. Der Künstler wird deshalb während der Laufzeit dieses Vertrages keine andere Person mit vertragsgegenständlichen Aufgaben des Managements beauftragen.

### § 3
### Tätigkeit des Managements

Das Management wird die Karriere des Künstlers u.a. wie folgt fördern:

1. Karriereförderung durch Kooperation mit Medien wie z.B. Radio- und TV-Sendern sowie Presseorganen;
2. Kontaktanbahnung zu Schallplattenfirmen und Verlagen zwecks Durchführung von Gesprächen über den Abschluss von Künstler- und Verlagsverträgen,
3. In Kooperation mit Agenten, Gastspieldirektionen und Veranstaltern Beschaffung und Organisation von Auftritten aller Art, wie z.B. Konzertauftritte, Galaauftritte, Promotionauftritte etc.
4. Aufbau und Unterhaltung der professionellen Künstler-Website (www.beispiel.de).
5. Aufbau und Organisation eines professionellen Künstler-Merhandisings (Online).

## § 4
## Vollmachtserteilung

Hiermit erteilt der Künstler dem Management – für die Dauer dieses Vertrages unwiderruflich – Verhandlungs-, Abschluss- und Inkassovollmacht. Das Management ist somit u.a. berechtigt, für den Künstler in dessen Namen

- Konzert-, Engagement- und Merchandisingverträge abzuschließen und
- für den Künstler vereinbarte Gagen zu vereinnahmen und nach Abzug der Provision des Managements an diesen weiterzuleiten.

## § 5
## Wohlverhaltensklausel

1. Die Vertragsparteien verpflichten sich einander zu gegenseitigem Respekt, Wohlverhalten und Loyalität. Sie werden sich insbesondere nicht öffentlich negativ über den anderen Vertragspartner äußern. Das Management ist gehalten, auf schutzwürdige Interessen des Künstlers, insbesondere auf dessen künstlerische und schulische Belange Rücksicht zu nehmen. Die genannten Verpflichtungen gelten auch nach Beendigung des Vertrages fort.
2. Jede Vertragspartei wird die andere umgehend über alle Umstände, die für die Durchführung dieses Vertrages von Bedeutung

sein könnten, rechtzeitig unterrichten. Dies gilt insbesondere für Urlaubsabwesenheiten; diese sind so rechtzeitig mitzuteilen, dass Auftrittsverpflichtungen nicht beeinträchtigt oder gefährdet werden. Maßnahmen mit Öffentlichkeitswirkung sind zuvor stets mit der anderen Vertragspartei abzustimmen.

3. Die Vertragsparteien verpflichten sich, den Inhalt dieses Vertrages, insbesondere die hiernach geschuldeten Leistungen Dritten gegenüber vertraulich zu behandeln. Die Offenlegung vertraglicher Vereinbarungen jedweder Art Dritten gegenüber ist nur mit vorheriger ausdrücklicher schriftlicher Einwilligung der anderen Vertragspartei, zur Wahrung schutzwürdiger Belange einer oder beider Vertragsparteien oder aufgrund zwingender gesetzlicher Bestimmungen zulässig. Diese Verpflichtung gilt auch nach Beendigung des Vertrages fort.

## § 6
## Managementvergütung

1. Zwischen den Parteien wird folgende Vergütungsvereinbarung getroffen:
   Künstler zahlt an Management folgende Umsatzbeteiligungen (Provisionen):
   a) 20% vom Brutto der Einkünfte aus seiner künstlerischen Tätigkeit bei öffentlichen Auftritten.
   b) 10% vom Brutto der Einkünfte aus den dem Künstler zufließenden Einnahmen aus dem Tonträger- und Bildtonträgerverkauf (CD/DVD). Zu den Einkünften aus dem Tonträger- bzw. Bildtonträgerverkauf zählen auch Vorauszahlungen durch Tonträgerfirmen und Produzenten an Künstler.
   c) 10% vom Brutto aller Einkünfte aus der Wahrnehmung von Autorenrechten (GEMA).
   d) 10% vom Brutto aller Einkünfte aus Abrechnungen für Wahrnehmung von Leistungsschutzrechten (GVL).
   e) 10% aus Merchandisingeinnahmen.
   f) .......

   Zu den Bruttoeinkünften in vorstehendem Sinne gehören die dem Künstler zugeflossenen Einnahmen ohne Umsatzsteuer.
   Das Management hat einen Provisionsanspruch auch bezüglich Einnahmen, die auf Verträgen beruhen, die während der Laufzeit dieses Vertrages geschlossen wurden, die Einnahmen dem Künstler aber erst nach Ablauf dieses Vertrages zufließen.

2. Das Management hat einen Provisionsanspruch auch in Bezug auf Einnahmen des Künstlers aus künstlerischer Tätigkeit, die während der Vertragszeit angefallen sind, dem Künstler aber erst nach Vertragsablauf zufließen.

## § 7
## Abrechnungs- und Zahlungsmodalitäten

1. Die Provisionen des Managements gem. § 5 verstehen sich jeweils zzgl. gesetzlicher Umsatzsteuer.
2. Die Provisionen sind innerhalb von 10 Tagen nach Rechnungserhalt zahlbar.
3. Die aufgrund erteilter Inkassovollmacht vom Management für den Künstler vereinnahmten Beträge hat das Management unverzüglich nach Erhalt an den Künstler weiterzuleiten. Die Provision des Managements darf in diesem Fall vom Management einbehalten werden.

## § 8
## Rechenschaftsverpflichtungen

Die Parteien erhalten das Recht, jederzeit sämtliche Abrechnungsunterlagen der anderen Partei einzusehen und eine Kopie der im Besitz der anderen Partei befindlichen Rechnungsoriginale zu verlangen.

## § 9
## Laufzeit/Kündigung

1. Der Vertrag wird zunächst für eine Laufzeit von 2 Jahren geschlossen.
2. Jede Partei kann den Vertrag ordentlich mit einer Frist von 3 Monaten zum Vertragsende kündigen.
3. Das Recht zu einer etwaigen außerordentlichen Kündigung richtet sich nach § 626 BGB.

**Handschriftlich wurde Folgendes ausgehandelt: Die Kündigung nach § 627 BGB wird ausgeschlossen.**

## § 10
## Schriftform/Nebenabreden/Salvatorische Klausel

**Änderungen und Ergänzungen dieses Vertrages bedürfen der Schriftform. Dies gilt auch für einen etwaigen Verzicht auf die Schriftform. Es wurden keinerlei Nebenabreden verabredet. Soweit eine der Bestimmungen dieses Vertrages aus zwingenden Gründen unwirksam sein sollte, berührt dies nicht die Gültigkeit des Vertrages im Übrigen. Eine derart unwirksame Bestimmung ist durch eine gesetzliche zulässige, ihrem Sinn und wirtschaftlichen Zweck entsprechende Bestimmung zu ersetzen.**

## § 11
## Weitere individuelle Vereinbarungen

1. ......;
2. ......;
3. .......

| ____________________ | ____________________ |
| --- | --- |
| **Künstler** | **Management** |

### Erläuterungen



### 1. Vertragsgegenstand

Im Gegensatz zum Künstlervermittler oder Agenten, der seinen Künstler ausschließlich in Auftritte vermittelt, übernimmt der Künstlermanager eine Reihe weiterer Aufgaben für den Künstler; zumeist auf exklusiver Basis. Zum einen macht er Promotion für den Künstler, indem er Kontakt zu TV- und Radiosendern aufnimmt und versucht, die künstlerischen Werke seines Künstlers dort zu positionieren. Zum anderen setzt er sich mit Tonträgerfirmen, Produzenten,

Verlagen und Tourneeveranstaltern in Verbindung, um auch insoweit für eine Repräsentanz des Künstlers zu sorgen. Darüber hinaus kümmert er sich um den professionellen Internetauftritt des Künstlers und organisiert dessen Merchandisinggeschäft;[185] mithin übernimmt er die Förderung der Karriere des Künstlers so weitreichend als möglich.

### 2. Die Vollmachtserteilung

Um für seinen Künstler effektiv arbeiten zu können, bedarf der Manager dreier Vollmachten: Der Handlungsvollmacht, der Abschlussvollmacht und der Inkassovollmacht. In der Praxis wird oft übersehen, dass die Vollmacht als einseitige Willenserklärung – unabhängig von der Laufzeit eines Managementvertrages – gem. § 168 S. 2 BGB jederzeit frei widerrufbar ist, sofern im Grundverhältnis, d.h. im Managementvertrag nichts Gegenteiliges vereinbart ist.[186]

**Praxistipp:** Die Vollmachtserteilung sollte im Managementvertrag aus diesem Grunde „unwiderruflich für die Laufzeit des Vertrages" vereinbart werden.

Zu beachten ist hierbei, dass auch die unwiderrufliche Vollmacht aus wichtigem Grunde widerrufen werden kann.[187]

### 3. Die Managementprovision

Als Vergütung erhält der Manager eine Beteiligung an den Bruttoeinnahmen des Künstlers aus dessen künstlerischer Tätigkeit. Zu den die Bemessungsgrundlage der Provision bildenden Einnahmen können u.a. Honorare aus Auftritten aller Art (Konzerte, Shows, Galas etc.), GEMA- und GVL-Ausschüttungen, Zahlung seitens Tonträgerfirmen, Verlagen und eine Beteiligung an Merchandisingeinnahmen gehören. Die branchenübliche Provisionshöhe liegt zwischen 20 und 25% und versteht sich zzgl. gesetzlicher Umsatzsteuer.

Folgende, dem Autor aus der Praxis bekannte Provisionsregelung überschreitet das Maß des Branchenüblichen deutlich und zeigt die Unseriosität, der unerfahrene Künstler – in seltenen Ausnahmefällen – in der Praxis ausgesetzt sein können:

(**Warnendes**) **Beispiel:** (......) Das Management erhält vom Künstler folgende Provision:

| | |
|---|---|
| – Livepauschale: | 30% |
| – Galazuschlag: | 5% |
| – Büropauschale: | 10% |
| – Reisekostenpauschale: | 30 Cent pro gefahrenem Kilometer (......)" |

Da der „Manager“ in vorgenanntem Fall seinen Künstler – größtenteils gegen dessen Willen – zu allen Auftritten mit dem PKW begleitete, kam er im Jahresdurchschnitt insgesamt auf eine Provision iHv. 59%. Dass solches Vorgehen gegenüber einem Künstler unseriös ist, bedarf keiner weiteren Erörterung. Festzuhalten bleibt:

Branchenüblich ist eine Provision des Künstlermanagers zwischen 20% und 25%.[188]

### 4. § 627 BGB: Die jederzeitige Kündigungsmöglichkeit

Nach einer Entscheidung des BGH[189] handelt es sich beim Künstlermanagementvertrag um einen Dienstleistungsvertrag mit Geschäftsbesorgungscharakter, welcher Dienst höherer Art i.S.d. § 627 BGB zum Inhalt hat.

Dies hat zur Folge, dass der Managementvertrag – und zwar unabhängig von seiner Laufzeit – jederzeit ohne Grund gekündigt werden kann.

Nach dem BGH[190] liegt der gesetzgeberische Grund für die gegenüber § 626 BGB erleichterte, jederzeitige Lösungsmöglichkeit eines Dienstverhältnisses i.S.d. § 627 BGB in dem „besonderen Vertrauen“, von dem derartige Dienstverhältnisse getragen werden. Dieses könne schon durch unwägbare Umstände und rational nicht begründbare Empfindungen gestört werden, die objektiv keinen wichtigen Grund zur Kündigung darstellen. Bei derartigen, ganz auf persönliches Vertrauen ausgerichteten Dienstverhältnissen soll die Freiheit der persönlichen Entschließung eines jeden Teils im weitesten Ausmaß gewährleistet werden.[191] Eine Ausnahme hat der Gesetzgeber nur für den Fall vorgesehen, dass der Dienstverpflichtete auf längere Sicht eine ständige Tätigkeit zu entfalten hat und dafür eine auf Dauer vereinbarte, bestimmte Entlohnung erhält.[192] Nur in diesen Fällen sei es gerechtfertigt, dem Vertrauen des Dienstverpflichteten auf seine Existenzsicherung Vorrang vor dem Schutz der Entschließungsfreiheit des Dienstberechtigten einzuräumen.[193]

Der BGH[194] hat ferner entschieden, dass ein Künstlermanager keine „festen Bezüge“ i.S.d. § 627 Abs. 1 BGB bezieht; wäre dies der Fall, wäre § 627 BGB auf das Verhältnis Management-Künstler nicht anwendbar. Entgelte, die – wie die Vergütung des Managements – von außervertraglichen Entwicklungen abhängen und deshalb der Höhe nach schwanken, sind keine festen Bezüge i.S.d. § 627 Abs. 1 BGB.[195]

Sofern die Parteien die jederzeitige Kündigungsmöglichkeit von vornherein ausschließen wollen, können sie die Vorschrift im Managementvertrag ausschließen. Allerdings ist auch hierbei Vorsicht geboten, da ein Ausschluss in Form Allgemeiner Geschäftsbedingungen (AGB) nicht wirksam ist.[196]

Obwohl die Klauselverbote der §§ 308 und 309 sowie § 305 Abs. 2 und Abs. 3 BGB nur auf Verträge mit Verbrauchern Anwendung finden und bei Verträgen ausgeschlossen sind, die sich auf die gewerbliche oder selbständige Tätigkeit eines Unternehmers beziehen,[197] kann es sich – gerade im Hinblick auf die benannten BGH-Urteile – empfehlen, § 627 BGB im Wege einer Individualabrede i.S.d. § 305b BGB auszuschließen.

Nach dieser Vorschrift haben individuelle Abreden stets Vorrang vor AGB. Nach der einschlägigen Rechtsprechung können sich individuelle Abreden aus hand- oder maschinenschriftlichen Einfügungen[198] oder einem Bestätigungsschreiben[199] ergeben. Individualabreden können auch nachträglich getroffen werden.[200]

**Praxistipp** zum wirksamen Ausschluss von § 627 BGB: Legen die Parteien nach alldem Wert auf einen beständigen Vertrag, der nicht der jederzeitigen Kündigungsmöglichkeit des § 627 BGB ausgesetzt ist, sollte folgende Zusatzvereinbarung zum Managementvertrag handschriftlich vereinbart werden:

**Individuelle Zusatzvereinbarung zum Managementvertrag vom ......**

**(......) Hiermit schließen die Parteien die jederzeitige Kündigungsmöglichkeit gem. § 627 BGB aus. (......)**

## III. Der Ein- und Verkauf von Künstlern

# Gastspielvertrag

Zwischen

der Stadthalle Beispielshausen GmbH, vertreten durch den Geschäftsführer Herbert Beispiel, Beispielweg 1, 12345 Beispielhausen, nachstehend „Veranstalter" genannt,
und der Konzertdirektion XY, vertreten durch den Inhaber Herrn Karl Beispiel
Beispielgasse 12, 54321 Beispielshausen,
nachstehend „Konzertdirektion" genannt,
wird folgender Vertrag geschlossen:

### § 1
### Vertragsgegenstand

1. Die Konzertdirektion liefert den Künstler „Beispielscombo" für ein Konzert am 30. 6. 2008 in der Stadthalle Beispielshausen von 20.00 Uhr bis 22.00 Uhr an Veranstalter.
2. Die Spielzeit des Künstlers beträgt mindestens 2 Stunden; zzgl. etwaiger freiwilliger Zugaben.

### § 2
### Honorar

1. Es wurde folgende vom Veranstalter für den Auftritt gem. § 1 an die Konzertdirektion zu zahlendes Honorar vereinbart:
2. Eine Festgage iHv. € 10.000,00

| | |
|---|---|
| Eine Festgage iHv. | € 10.000,00 |
| zzgl. 19% USt. = | € 1.900,00 |
| Gesamtgage | € 11.900,00 |

## § 3
## Zahlungsmodalitäten

Das Honorar gem. § 2 ist wie folgt zahlbar:
1. Eine Vorauszahlung iHv. € 5.000,00 durch Überweisung auf das Konto der Konzertdirektion ...... bis zum 30. 5. 2008.
2. Die Restgage iHv. 6.900,00 Euro ist in bar 2 Stunden vor dem Auftritt des Künstlers an die Konzertdirektion zur Zahlung fällig.

Die auf das Honorar anfallende Künstlersozialabgabe iHv. € ...... führt Konzertdirektion fristgemäß an die Künstlersozialkasse ab. Die Abgabenummer der Konzertdirektion bei der KSK lautet: ...... .

## § 4
## Nebenpflichten und Nebenleistungen

1. Der Veranstaltungsraum muss für den Aufbau der Anlage am Veranstaltungstag ab 16.00 Uhr geöffnet sein. Der Soundcheck findet zwischen 18.00 Uhr und 19.00 Uhr statt.
2. Der Veranstalter wird den Saal für das Publikum nicht vor 19.30 Uhr öffnen.
3. a) Übernachtung (a–e: Zutreffendes ist anzukreuzen):
   - ☐ Der Veranstalter trägt die Kosten der Übernachtung inkl. Frühstück in einem 5 Sterne-Hotel für insgesamt 6 Personen für die Nächte vom 29. 6. 2008 bis zum 1. 7. 2008. Folgende Zimmer werden gebucht: 4 Einzelzimmer; 1 Doppelzimmer, 1 Präsidentensuite.
     Der Veranstalter bucht das Hotel und gibt die Hotelanschrift rechtzeitig bekannt.
   - ☐ Die Konzertdirektion übernimmt die Übernachtungskosten des Künstlers.
   - ☐ Der Veranstalter zahlt, wie vereinbart, eine Hotelkostenpauschale
     iHv. € ...... zzgl. ......% USt. = € ...... insgesamt € ...... an die Konzertdirektion.

   b) Reisekosten
   Der Veranstalter trägt, wie vereinbart, die Kosten der An- und Abreise des Künstlers wie folgt:
   - ☐ Erstattung der PKW-/Bahn-/Flug-/Reisekosten des Künstlers (Bahn: 2. Klasse; Flug: economy-class) gegen Vorlage

entsprechender Belege. Der Veranstalter wird diesen Betrag zusammen mit dem Honorar des Künstlers am ...... auszahlen.

- ☐ Der Veranstalter bucht und zahlt den Flug/die Flüge des Künstlers wie folgt: ...... . Die Flugtickets sind bis zum ...... an den Künstler per Einschreiben zu senden.
- ☐ Der Veranstalter zahlt eine Reisekostenpauschale iHv. € ...... zzgl. ......% USt. = € ...... insgesamt € ...... . Der Betrag wird dem Künstler zusammen mit dem Honorar am ...... ausgezahlt.
- ☐ Die Konzertdirektion trägt die Reisekosten des Künstlers.

c) Verpflegung
- ☐ Der Veranstalter zahlt eine Cateringpauschale iHv. € ...... .
- ☐ Der Veranstalter stellt Speisen und Getränke in ausreichendem Umfang für den Künstler und seine Begleitgruppe für den Zeitraum von 2 Stunden vor bis 2 Stunden nach der Veranstaltung.
- ☐ Der Veranstalter stellt ein Catering gemäß anliegender Anlage 1.
- ☐ Die Konzertdirektion übernimmt das Catering für Künstler.

d) Technische Nebenleistungen
- ☐ Veranstalter stellt auf seine Kosten eine zur Beschallung der Veranstaltung ausreichende Verstärkeranlage mit mind. 6 Mikrofonen, entsprechendem Mischpult sowie zur Bedienung der Anlage (auch der Monitoranlage) erforderliche geschulte Kräfte.
- ☐ Veranstalter stellt Ton und Licht gem. Anlage 2.
- ☐ Konzertdirektion stellt Ton und Licht gem. Anlage 2.
- ☐ Konzertdirektion stellt die komplette Backline gem. Anlage 3.
- ☐ Veranstalter stellt folgende Stromanschlüsse zur Verfügung: .......
- ☐ Veranstalter stellt für den Aufbau ab 18.00 Uhr am Veranstaltungstag und für den Abbau nach der Veranstaltung 6 kräftige Roadies/Stagehands zur Verfügung.
- ☐ Veranstalter stellt 4 abschließbare Garderobenräume mit Waschgelegenheit.
- ☐ Sonstiges: ...... .

e) Bewerbung der Veranstaltung

Der Veranstalter wird die Veranstaltung ab 8 Wochen vor dem Konzert in branchenüblicher Weise wie folgt bewerben:
- Rechtzeitige Übermittlung von Veranstaltungshinweis und Bandfoto an folgende Veranstaltungsmagazine: ......;
- Schaltung von mindestens 4 Veranstaltungsanzeigen („Stoppern“) in folgenden Zeitschriften: ......

- Plakatierung der Veranstaltung in folgenden Gebieten: ......
- Übermittlung von Veranstaltungshinweis und aktueller CD des Künstlers an folgende Radiostationen: ......
- Übermittlung von Veranstaltungshinweis und aktueller CD des Künstlers an folgende TV-Sender: ......
- ......

## § 6
## Wesentliche Bestandteile (Anlagen)

Diesem Vertrag sind folgende Anlagen beigefügt (Zutreffendes ist anzukreuzen):

☐ Eine Cateringanweisung, ...... Seite(n), Anlage 1
☐ Ton- und Lichtplan, ...... Seiten, Anlage 2
☐ Eine Bühnenanweisung, ...... Seiten, Anlage 3

Vorgenannte Anlagen 1–3 sind wesentliche Bestandteile dieses Vertrages.

## § 7
## Weisungsfreiheit

1. Künstler und Direktion sind in der Programmgestaltung und Darbietung der künstlerischen Leistung völlig frei und unterliegen keinerlei Weisungen des Veranstalters.
2. Der Veranstalter hat die Gage unabhängig von dem Erfolg des Künstlers in seiner Darbietung beim Publikum zu zahlen.

## § 8
## Ausfall der Veranstaltung

1. Entfällt der Auftritt aufgrund Verschulden der Direktion, hat Direktion dem Veranstalter den hieraus entstandenen Schaden bis zu einer Höhe von ...... Euro zu ersetzen.
2. Entfällt der Auftritt durch Verschulden des Veranstalters, zahlt Veranstalter das in § 2 vereinbarte Honorar ohne Umsatzsteuer.

Etwaige ersparte Aufwendungen der Direktion werden abgezogen.

3. Im Falle des Ausfalls der Veranstaltung aufgrund höherer Gewalt werden die Parteien von ihren vertraglichen Verpflichtungen entbunden. Bis zum Ausfall der Veranstaltung getätigte Aufwendungen trägt jede Partei selbst.

## § 9
## Gebietsschutzklausel

Es wird folgende Gebietsschutzklausel vereinbart (Zutreffendes ist anzukreuzen und auszufüllen): Die Direktion verpflichtet sich, Künstler für einen Zeitraum von 30 Tagen vor und 30 Tagen nach dem vertragsgegenständlichen Auftritt dazu, nicht anderweitig

☐ in einem Umkreis von 200 Kilometern um den Veranstaltungsort aufzutreten;

☐ in Deutschland aufzutreten

zu lassen.

## § 10
## TV-Klausel

Sollte Direktion bis spätestens 3 Wochen vor Stattfinden des Auftritts schriftlich nachweisen, dass Künstler nach Abschluss dieses Vertrages die Möglichkeit angeboten bekam, einen TV-Auftritt in ARD, ZDF, SAT 1, RTL oder PRO 7 zu absolvieren, wird sie aus den Verpflichtungen dieses Vertrages frei. In diesem Fall hat Direktion unverzüglich einen zeitnahen Ersatzauftritt zu gleichen Konditionen dieses Vertrages mit Veranstalter schriftlich zu vereinbaren. Einen durch die Absage des Auftritts etwaig entstandenen nachgewiesenen Schaden hat Direktion Veranstalter zu ersetzen.

## § 11
## Krankheitsklausel

Ist der Künstler oder ein Mitglied der Band erkrankt und kann Künstler deshalb nicht auftreten, hat Direktion dies Veranstalter unverzüglich mitzuteilen und durch ärztliches Attest nachzuweisen.

Die Verpflichtung von Direktion zur Lieferung des Künstlers und die Verpflichtung von Veranstalters zur Zahlung des Honorars entfallen in diesem Fall.

## § 12
## Genehmigungen/Versicherungen/Haftung/Sponsoren

1. Der Veranstalter ist für die Einholung aller für die Durchführung der Veranstaltung erforderlichen behördlichen Genehmigungen verantwortlich.
2. Veranstalter verpflichtet sich, für die Veranstaltung eine Veranstalterhaftpflichtversicherung mit einer Deckungssumme iHv. mindestens € 5.000.000,00 für Personenschäden und iHv. mindestens € 1.000.000,00 für Sachschäden abzuschließen.
3. Die Konzertdirektion haftet nur für etwaige Schäden, die von Konzertdirektion oder Künstler schuldhaft verursacht werden, sofern diese Schäden binnen 3 Tagen nach Ende des Konzerts gegenüber Konzertdirektion schriftlich angezeigt werden. Jegliche Haftung für leichte Fahrlässigkeit wird ausgeschlossen.
4. Der Einsatz von Sponsoren und/oder Präsentatoren sowie der Werbeeinsatz von Bannern und Werbetafeln etc. bedürfen der schriftlichen Zustimmung von Künstler und Konzertdirektion.

## § 13
## Zusatzvereinbarungen

Weitere individuelle Zusatzvereinbarungen:
1. ......;
2. ......;
3. ...... .

## § 14
## Salvatorische Klausel, Schriftformvereinbarung

1. Änderungen und Ergänzungen dieses Vertrages bedürfen der Schriftform. Dies gilt auch für einen etwaigen Verzicht auf die Schriftform. Nebenabreden sind nicht getroffen. Soweit eine der

**Bestimmungen dieses Vertrages unwirksam sein sollte, berührt dies nicht die Gültigkeit des Vertrages im übrigen. Eine etwaig unwirksame Bestimmung ist durch eine gesetzlich zulässige, ihrem wirtschaftlichen Zweck entsprechende Bestimmung zu ersetzen.**

**2. Die Rechtsbeziehungen der Vertragsparteien unterliegen deutschem Recht. Erfüllungsort und Gerichtsstand ist ......, Deutschland.**

| | |
|---|---|
| ____________________ | ____________________ |
| **(Konzertdirektion)** | **(Veranstalter)** |

**Erläuterungen**



## 1. „Lieferung" des Künstlers

Der Ein- und Verkauf von Künstlern zeichnet sich durch die „Lieferung" eines Künstlers oder einer Künstlergruppe durch die sog. Gastspieldirektion oder Konzertdirektion an ihren Kunden, zumeist den Veranstalter aus. Der diesem Geschäft zugrunde liegende Vertrag wird in der Branche als Gastspielvertrag bezeichnet.

Um die Leistung des Künstlers überhaupt an den Veranstalter „verkaufen" zu können, muss sich das liefernde Unternehmen, die Gastspiel- oder Konzertdirektion, die Verfügungsmacht über die künstlerische Leistung durch Abschluss eines Konzertvertrages (hier als „Künstlervertrag" bezeichnet) verschaffen.

Die vertragliche Konstellation sieht wie folgt aus:[201]

| | Künstlervertrag | | Gastspielvertrag | |
|---|---|---|---|---|
| (K) | ———— | (GD) | ———— | (VA) |

Kennzeichnend für diese Art der Vermarktung künstlerischer Leistungen im Livebereich ist die Tatsache, dass pro Auftritt – im Gegensatz zur reinen Künstlervermittlung – 2 Verträge abgeschlossen werden, der Künstlervertrag auf der einen und der Gastspielvertrag auf der anderen Seite. Abgesehen von der anderslautenden Bezeichnung, entsprechen diese Verträge inhaltlich im Wesentlichen dem vorab ausführlich behandelten Muster-Konzertvertrag, so dass sich eine gesonderte ausführliche Darstellung und Kommentierung dieser beiden Verträge erübrigt.

Der Zweck dieser Vermarktungsform liegt im Wesentlichen darin, den Veranstalter bzw. Kunden von den typischen Veranstalterlasten wie z. B. „Ausländersteuer" und Künstlersozialabgabe und den damit verbundenen Formalitäten wie Steueranmeldungen freizuhalten. Gastspiel- und Konzertdirektionen sind Dienstleister, die ihren Kunden (Veranstaltern wie z. B. größeren Industrieunternehmen, Radiosendern etc.) in der Praxis häufig ein „Sorgenfrei-Paket" zu liefern haben.

Im Gegensatz zum Künstlervermittler, welcher in Form einer Provision an der von ihm ausgehandelten Künstlergage beteiligt wird, erzielt die Gastspiel- oder Konzertdirektion ihren Profit dadurch, dass sie zu dem an den Künstler im Künstlervertrag gezahlten Honorar im Rahmen des Gastspielvertrages einen Aufschlag, d. h. einen das Honorar übersteigenden „Verkaufspreis" erhebt.

**Beispiel:** In obigem Beispielsfall kauft die GD den Künstler zu einem Honorar iHv. Euro 10.000,00 zzgl. 7% USt. ein. An V liefert GD den Künstler gegen Zahlung eines Honorars iHv. Euro 15.000,00 zzgl. 19% USt.

Die Wahl der Höhe des von der Gastspiel- oder Konzertdirektion im Rahmen des Gastspielvertrages gewählten Aufschlages, d. h. die Höhe ihres Profits, obliegt ihr grundsätzlich selbst. Im Gegensatz zu der branchenüblichen Agenturprovision zwischen 15% und 25% existieren im Bereich des Ein- und Verkaufs von Künstlern diesbezüglich keine festen, als branchenüblich zu bezeichnenden Größen. Da viele Künstler heutzutage aber auch über eigene Webseiten oder Konkurrenzunternehmen buchbar und die Honorarvorstellung somit für jedermann leicht einsehbar sind, würden sich Gastspiel- und Konzertdirektionen selbst schädigen, wenn sie überteuerte Honorarvorstellungen realisieren würden.

**Praxistipp:** Besonderes Augenmerk ist bei der vertraglichen Gestaltung des Ein- und Verkaufs von Künstlern darauf zu richten, dass die Verträge im Hinblick auf branchenspezifische Regelungen wie z. B. Gebietsschutz- oder TV-Klauseln spiegelbildlich identisch sind.[202]

**Beispiel:** Ist im Künstlervertrag zwischen K und GD eine TV-Klausel vereinbart, die es dem Künstler ermöglicht, sich im Falle eines TV-Auftritts ohne Rechtsfolgen vom Vertrag zu lösen, muss die GD darauf achten, dass sie diese Klausel im Gastspielvertrag mit VA ebenso vereinbart. Unterlässt sie dies, wäre zwar der Künstler gegenüber GD von seiner Verpflichtung zum Auftritt ohne Rechtsfolgen befreit; die GD hätte VA aber Schadensersatz wegen Nichterfüllung des Vertrags zu leisten.

## 2. Rechtsprechung zum Ein- und Verkauf von Künstlern

Nach einer neueren Entscheidung des OLG München[203] liegt eine Unmöglichkeit der Leistung nicht vor, wenn ein vertraglich vereinbartes Konzert eines bestimmten Orchesters mit seinem Chefdirigenten und einem festgelegten Programm wegen des **krankheitsbedingten Ausfalls** des Dirigenten mit diesem nicht durchgeführt werden kann.[204]

Das OLG Oldenburg hat im Jahre 2000 entschieden, dass ein Konzertveranstalter nicht berechtigt ist, einen Konzertvertrag wegen unterlassener Zusendung von **Konzertplakaten**[205] seitens der den Künstler liefernden Gastspieldirektion zu kündigen. Kündigt er den Konzertvertrag gleichwohl mit dieser Begründung, ist er zur Zahlung von Schadensersatz wegen Nichterfüllung in Höhe der vereinbarten Gage verpflichtet.

Verstößt ein von einer Gastspieldirektion gelieferter Künstler gegen eine zwischen Gastspieldirektion und Veranstalter vereinbarte **Gebietsschutzklausel,** muss sich die Gastspieldirektion das Verschulden des Künstlers gem. § 278 BGB zurechnen lassen.[206] Der Künstler ist in diesem Fall Erfüllungsgehilfe der Gastspieldirektion.

## IV. Der Künstlervermittlungsvertrag[207]

Zwischen[208]

der Herrn/Frau ......,
nachstehend – Künstlervermittler – genannt
und dem Künstler/der Künstlerin ......,
nachstehend – Künstler – genannt
wird folgender Künstlervermittlungsvertrag geschlossen:

### § 1
### Vertragsgegenstand

1. Der Künstler beauftragt den Künstlervermittler mit der Beschaffung, Planung und Organisation von Auftritten aller Art.
2. Der Künstlervermittler übt seine Tätigkeit gem. Ziffer 1 in folgendem territorialem Umfang aus: weltweit.

### § 2
### Exklusivität

Bei vorliegendem Vertrag handelt es sich um einen Exklusivvertrag. Der Künstler wird deshalb während der Laufzeit dieses Vertrages keine andere Person mit vertragsgegenständlichen Aufgaben des Künstlervermittlers beauftragen.

### § 3
### Tätigkeit des Künstlervermittlers

Der Künstlervermittler wird folgende vertragsgegenständliche Tätigkeit für Künstler ausüben:

1. Beschaffung von Auftrittsverpflichtungen aller Art: u.a. Konzertauftritte, Galaauftritte, Promotion- und Wohltätigkeitsauftritte.
2. Zur Erfüllung der Aufgaben gem. lit. a tritt Künstlervermittler in Kooperation mit diversen Unternehmen, u.a. Agenten, Gastspieldirektionen und Veranstaltern.

## § 4
## Vollmachtserteilung

Hiermit erteilt der Künstler dem Künstlervermittler – für die Dauer dieses Vertrages unwiderruflich – Verhandlungs-, Abschluss- und Inkassovollmacht. Künstlervermittler ist somit berechtigt, für den Künstler in dessen Namen

- Konzert-, Engagement- und sonstige Auftrittsverträge abzuschließen und
- für den Künstler vereinbarte Gagen zu vereinnahmen und nach Abzug seiner Provision an diesen weiterzuleiten.

## § 5
## Wohlverhaltensklausel

1. Die Vertragsparteien verpflichten sich einander zu gegenseitigem Respekt, Wohlverhalten und Loyalität. Sie werden sich insbesondere nicht öffentlich negativ über den anderen Vertragspartner äußern. Der Künstlervermittler ist gehalten, auf schutzwürdige Interessen des Künstlers, insbesondere auf dessen künstlerische und ggf. schulische Belange Rücksicht zu nehmen.
2. Jede Vertragspartei wird die andere umgehend über alle Umstände, die für die Durchführung dieses Vertrages von Bedeutung sein könnten, rechtzeitig unterrichten. Dies gilt insbesondere für Urlaubs- oder längere sonstige Abwesenheiten; diese sind so rechtzeitig mitzuteilen, dass Auftrittsverpflichtungen nicht beeinträchtigt oder gefährdet werden.
3. Die Vertragsparteien verpflichten sich, den Inhalt dieses Vertrages, insbesondere die hiernach geschuldeten Leistungen Dritten gegenüber vertraulich zu behandeln. Die Offenlegung vertraglicher Vereinbarungen jedweder Art Dritten gegenüber ist nur mit

vorheriger ausdrücklicher schriftlicher Einwilligung der anderen Vertragspartei, zur Wahrung schutzwürdiger Belange einer oder beider Vertragsparteien oder aufgrund zwingender gesetzlicher Bestimmungen zulässig. Diese Verpflichtung gilt auch nach Beendigung des Vertrages fort.

## § 6
## Vergütung

1. Zwischen den Parteien wird folgende Vergütungsvereinbarung getroffen:
   Künstler zahlt an Künstlervermittler folgende Umsatzbeteiligungen (Provisionen):
   20% vom Brutto der Einkünfte aus seiner künstlerischen Tätigkeit bei öffentlichen Auftritten.
   Zu den Bruttoeinkünften in vorstehendem Sinne gehören die dem Künstler zugeflossenen Einnahmen ohne Umsatzsteuer.
2. Künstlervermittler hat seinen Provisionsanspruch auch auf Einnahmen von Künstler, die auf Verträgen beruhen, die während der Vertragslaufzeit dieses Vertrages geschlossen wurden, die Einnahmen dem Künstler aber erst nach Ablauf dieses Vertrages zufließen.

## § 7
## Abrechnungs- und Zahlungsmodalitäten

1. Die Provisionen des Künstlervermittlers gem. § 5 verstehen sich jeweils zzgl. gesetzlicher Umsatzsteuer.
2. Die Provisionen sind innerhalb von 10 Tagen nach Rechnungserhalt zahlbar.
3. Die aufgrund erteilter Inkassovollmacht vom Künstlervermittler für den Künstler vereinnahmten Beträge hat Künstlervermittler unverzüglich nach Erhalt an den Künstler weiterzuleiten. Die Provision des Künstlervermittlers darf in diesem Fall von ihm einbehalten werden.

## § 8
## Rechenschaftsverpflichtungen

Die Parteien erhalten das Recht, jederzeit sämtliche Abrechnungsunterlagen der anderen Partei einzusehen und eine Kopie der im Besitz der anderen Partei befindlichen Rechnungsoriginale zu verlangen.

## § 9
## Laufzeit/Kündigung

1. Der Vertrag wird zunächst für eine Laufzeit von 2 Jahren geschlossen.
2. Jede Partei kann den Vertrag ordentlich mit einer Frist von 3 Monaten zum Vertragsende kündigen.

## § 10
## Schriftform/Nebenabreden/Salvatorische Klausel

Änderungen und Ergänzungen dieses Vertrages bedürfen der Schriftform. Dies gilt auch für einen etwaigen Verzicht auf die Schriftform. Es wurden keinerlei Nebenabreden verabredet. Soweit eine der Bestimmungen dieses Vertrages aus zwingenden Gründen unwirksam sein sollte, berührt dies nicht die Gültigkeit des Vertrages im Übrigen. Eine derart unwirksame Bestimmung ist durch eine gesetzliche zulässige, ihrem Sinn und wirtschaftlichen Zweck entsprechende Bestimmung zu ersetzen.

## § 11
## Weitere individuelle Vereinbarungen

1. ......
2. .......

____________________ ____________________

Künstlervermittler Künstler

**Erläuterungen**



## 1. Vertragsgegenstand

Der Künstlervermittler (auch Agent, Künstleragent oder Booker genannt) vermittelt den Künstler ausschließlich in Auftritte.

**a) Der Zivilmakler des § 652 BGB.** Während beim Ein- und Verkauf von Künstlern zwei Verträge[209] über die künstlerische Leistung pro Auftritt abgeschlossen werden, zeichnet sich die Künstlervermittlung dadurch aus, dass – abgesehen von der Agenturvereinbarung – auf den Auftritt bezogen nur ein Konzertvertrag abgeschlossen wird, wobei der Künstler hierbei vom Agenten vertreten wird (§ 164 BGB). Die vertraglichen Konstellation der Künstlervermittlung lässt sich schematisch wie folgt darstellen:

**Konzertvertrag**

**(K)** ———— **(VA)**

**vertreten**
**durch (A)**
**auf Grundlage**
**des Agentur-**
**vertrags**
**(§ 164 BGB)**

Sofern der Agent seinen Künstler nicht ständig i.S.d. §§ 84ff. HGB betraut, handelt es sich bei ihm um einen „Mäkler", d.h. einen Makler i.S.d. § 652 BGB. Gem. § 652 Abs. 1 BGB ist sein Provisionsanspruch entstanden, wenn der Konzertvertrag infolge des Nachweises oder infolge der Vermittlung des Mäklers zustande gekommen ist. Ob der Konzertvertrag sodann zur Durchführung gelangt, d.h. ob der Künstler auch auftritt, ist für den Provisionsanspruch des Agenten unerheblich.

**Beispiel:** Künstlervermittler A schließt für seinen Künstler einen Konzertvertrag mit dem Veranstalter VA ab. 1 Woche vor dem Auftritt sagt VA die Veranstaltung aufgrund zu geringen Kartenvorverkaufs ab.

Da A den Konzertvertrag vermittelt hat und dieser durch die der Vermittlung zustande gekommen ist, hat A gegen K einen Provisionsanspruch gem. § 652 BGB. Ob das Konzert dann tatsächlich stattfindet oder nicht, ist auf den Provisionsanspruch ohne Auswirkung. § 652 BGB macht die Entstehung des Provisionsanspruchs nur vom Zustandekommen des Hauptvertrages, nicht von dessen Durchführung abhängig.[210]

**b) Der Künstlervermittler als Handelsvertreter der §§ 84ff. HGB.**[211] Sofern der Agent seinen Künstler nicht nur gelegentlich in Auftritte vermittelt, sondern auf Grundlage einer u.U. mehrjährigen exklusiven Vereinbarung, eines exklusiven Vermittlungsauftrages, d.h. den Künstler „ständig betraut“, kann es sich bei ihm um einen Handelsvertreter i.S.d. §§ 84ff. HGB handeln.[212] Hierbei können sich – im Gegensatz zum Mäklervertrag – zwei Besonderheiten ergeben:

Zum einen lässt § 87a Abs. 3 S. 2 HGB – im Gegensatz zu § 652 BGB – den Provisionsanspruch des Mäklers (Handelsvertreters) untergehen, wenn das Konzert nicht stattfindet und dies auf Gründe zurückzuführen ist, die vom Unternehmer, d.h. vom Künstler, nicht zu vertreten sind.

**Beispiel:** Der von A auf Grundlage einer seit 2 Jahren bestehenden Exklusivvereinbarung (Agentur- bzw. Handelsvertretervertrag) vermittelte K kann einen konzertmäßigen Auftritt aufgrund einer akuten Grippe nicht wahrnehmen.

Der Provisionsanspruch des A ist gem. § 87a Abs. 3 S. 2 HGB untergegangen, da der Auftritt aus Gründen ausfiel, die vom Unternehmer (Künstler) nicht zu vertreten sind.

Gem. § 89b HGB kann der Handelsvertreter (Künstlervermittler) von dem Unternehmer (Künstler) nach Beendigung des Vertragsverhältnisses zum anderen einen angemessenen Ausgleich verlangen, wenn und soweit

- **der Unternehmer (Künstler) aus der Geschäftsverbindung mit neuen Kunden, die der Handelsvertreter (Künstlervermittler) geworben hat, auch nach Beendigung des Vertragsverhältnisses (Agenturvertrag) erhebliche Vorteile hat;**
- **der Handelsvertreter (Künstlervermittler) infolge der Beendigung des Vertragsverhältnisses Ansprüche auf Provision verliert, die er bei Fortsetzung desselben aus bereits abgeschlossenen oder künftig zustande kommenden Geschäften mit den ihm geworbenen Kunden hätte, und**
- **die Zahlung eines Ausgleichs unter Berücksichtigung aller Umstände der Billigkeit entspricht.**

Der Werbung eines neuen Kunden steht es nach § 89b Abs. 1 S. 2 HGB gleich, wenn der Handelsvertreter die Geschäftsverbindung mit einem Kunden so wesentlich erweitert hat, dass dies wirtschaftlich der Werbung eines neuen Kunden entspricht.

Gem. § 89b Abs. 2 HGB beträgt der Ausgleich höchstens eine nach dem Durchschnitt der letzten fünf Jahre der Tätigkeit des Handelsvertreters berechnete Jahresprovision oder sonstige Jahresvergütung; bei kürzerer Dauer des Vertragsverhältnisses ist der Durchschnitt während der Dauer der Tätigkeit maßgebend.

Der Anspruch besteht gem. § 89 Abs. 3 HGB nicht, wenn

- **der Handelsvertreter das Vertragsverhältnis gekündigt hat, es sei denn, dass ein Verhalten des Unternehmers hierzu begründeten Anlass gegeben hat oder dem Handelsvertreter eine Fortsetzung seiner Tätigkeit wegen seines Alters oder wegen Krankheit nicht zugemutet werden kann, oder**

- **der Unternehmer das Vertragsverhältnis gekündigt hat und für die Kündigung ein wichtiger Grund wegen schuldhaften Verhaltens des Handelsvertreters vorlag, oder**
- **auf Grund einer Vereinbarung zwischen dem Unternehmer und dem Handelsvertreter, ein Dritter anstelle des Handelsvertreters in das Vertragsverhältnis eintritt; die Vereinbarung kann nicht vor Beendigung des Vertragsverhältnisses getroffen werden.**

Der Handelsvertreterausgleichsanspruch kann gem. § 89b Abs. 4 HGB im voraus nicht ausgeschlossen werden und ist gem. S. 2 dieser Vorschrift innerhalb eines Jahres nach Beendigung des Vertragsverhältnisses geltend zu machen.

## 2. Die Vollmachtserteilung

Um für seinen Künstler effektiv arbeiten zu können, bedarf der Agent (dies gilt gleichsam für den Künstlermanager) dreier Vollmachten: Dies sind Handlungsvollmacht, Abschlussvollmacht und Inkassovollmacht. In der Praxis wird oft übersehen, dass die Vollmacht als einseitige Willenserklärung – unabhängig von der Laufzeit eines Agentur- oder Managementvertrages – gem. § 168 S. 2 BGB jederzeit frei widerrufbar ist, sofern im Grundverhältnis, d.h. im Agentur- oder Managementvertrag selbst nichts Gegenteiliges vereinbart ist.[213]

**Praxistipp:** Die Vollmachtserteilung sollte im Agenturvertrag „unwiderruflich für die Laufzeit des Vertrages“ vereinbart werden.

Zu beachten ist hierbei, dass auch die unwiderrufliche Vollmacht aus wichtigem Grunde widerrufen werden kann.[214]

## 3. Die Agenturprovision

Als Vergütung erhält der Agent/Künstlervermittler branchenüblicher Weise eine Beteiligung an den Bruttoeinnahmen des Künstlers aus dessen künstlerischer Tätigkeit im Livebereich, d.h. an den Auftrittshonoraren.

Die branchenübliche Provisionshöhe liegt im Agenturgeschäft zwischen 15% bis 25% und versteht sich zzgl. gesetzlicher Umsatzsteuer.

## 4. Nebenpflichten und weitreichende Haftung des Künstlervermittlers

Ein Künstlervermittler handelt keinem Branchenbrauch zuwider und ist daher auch nicht zur Leistung von Schadensersatz verpflichtet, wenn er es unterlässt, für den von ihm vertretenen Künstler im Konzertvertrag eine TV- oder Fernsehklausel zu vereinbaren.[215]

Das OLG Koblenz[216] entschied im Jahre 2001, dass der Künstlervermittler in gewissen Fallkonstellationen sogar für Hörschäden des Publikums haften kann.

## V. Der Konzertbesuchervertrag, Pflichten des Veranstalters, Rechtsverhältnis Vorverkaufsstelle-Veranstalter (Rechtsprechungsübersicht)

### 1. Der Konzertbesuchervertrag

Der dem Kauf einer Eintrittskarte zugrunde liegende Vertrag, beispielsweise der Kauf einer Eintrittskarte für ein Popkonzert, ist ein sog. typengemischter Vertrag, d.h. ein Werkvertrag iSd. §§ 631ff. BGB mit u.a. mietrechtlichem Einschlag hinsichtlich des Zuschauerplatzes zwischen Konzertbesucher und Veranstalter.[217]

**a) Rechtliche Einordnung und Schadensersatzansprüche eines Konzertbesuchers wegen Nichtüberlassung eines Sitzplatzes.**[218] Dem Konzertbesucher, der mangels Gewährung des vertraglich vereinbarten (Tribünen-)Sitzplatzes ein Open-Air-Konzert vorzeitig verlässt, steht ein Schadensersatzanspruch zu. Dieser Anspruch umfasst nicht nur den nutzlos aufgewendeten Kaufpreis für die Eintrittskarte, sondern auch einen Anspruch auf den Ersatz der nutzlos aufgewandten Freizeit. Der Anspruch auf Freizeitentschädigung richtet sich der Höhe nach dem erzielbaren Einkommen des Geschädigten, wobei es nicht darauf ankommt, ob der Geschädigte in der vertanen Freizeit wirklich gearbeitet hätte.[219]

**b) Erstattungsansprüche des verspäteten Opernbesuchers, dem nach Aufführungsbeginn bis zur Pause der Zutritt zur Aufführung verweigert wird.**[220] Nach einer Entscheidung des AG Aachen aus dem Jahre 1997 entspricht es einer jahrhundertealten und internationalen Gepflogenheit, die somit dem Vertragsverhältnis zwischen Besucher und Veranstalter immanent ist, Besuchern nach Beginn der Aufführung bis zur Pause den Zutritt zu versagen, um Störungen der bereits anwesenden Besucher zu vermeiden. Der verspätete Besucher kann daher unter keinem rechtlichen Gesichtspunkt Erstattung des Eintrittsgeldes nebst Fahrtkosten verlangen.[221]

**c) Eintrittsrückgabe bei verspätetem Konzertbeginn.**[222] Beginnt ein für die Zeit von 17 bis 22 Uhr angesagtes Konzert im Freien (Gesangsdarbietungen) wegen Schwierigkeiten im Bühnenaufbau erst um 21.38 Uhr, dann kann ein Besucher, der nur noch etwa eine Stunde zuhört, von 45 DM Eintritt einen Teilbetrag in Höhe von 36 DM zurückverlangen.

**d) Erstattung des Eintrittspreises bei Tod des angekündigten Dirigenten.**[223] Muss ein Symphoniekonzert wegen des Todes des angekündigten Dirigenten unter Leitung eines anderen Dirigenten aufgeführt werden, hat der Konzertveranstalter den im Vorverkauf gezahlten Eintrittspreis zu erstatten.

e) **Unzulässige Klauseln auf Konzertkarten.**[224] Eine Verbraucherzentrale verklagte den Veranstalter eines Konzerts auf Feststellung, dass folgende „Allgemeine Geschäftsbedingungen des Veranstalters" unzulässig sind:
- Bei Konzerten kann aufgrund Lautstärke die Gefahr von möglichen Hör- und Gesundheitsschäden bestehen, für die der Veranstalter keinerlei Haftung übernimmt.
- Der Tourneeveranstalter behält sich das Recht vor, den Konzerttermin zu verlegen. In diesem Falle hat der Kartenkäufer keine Rückerstattungsansprüche auf den Kaufpreis.
- Zurücknahme der Eintrittskarten erfolgt ausschließlich bei genereller Absage der Veranstaltung bis zu 2 Wochen nach dem Konzerttermin.

Das LG München I gab der Klage statt, da die Klauseln gegen das AGB-Gesetz verstoßen.[225] Die Lautstärkeklausel verstoße als pauschaler Haftungsausschluss gegen § 11 Nr. 7 AGB-Gesetz;[226] die „Klausel über die Rücknahmefrist für Eintrittskarten bei Absage der Veranstaltung" verstoße gegen § 9 Abs. 1 AGB-Gesetz,[227] da jedenfalls die 2-wöchige Verfallsfrist eine erhebliche unangemessene Benachteiligung des Vertragspartners darstellt und deshalb gegen die Generalklausel verstoße.[228]

## 2. Rechtsprechung zu Verkehrssicherungspflichten des Veranstalters

a) **Stage-Diving.** Das **LG Hechingen**[229] urteilte im Jahre 2002, dass der Veranstalter eines Rockkonzerts nicht von vornherein verpflichtet ist, das sog. „Stage-Diving" zu verbieten oder durch entsprechende Sicherheitsvorkehrungen zu unterbinden. Er haftet weder aufgrund seiner Organisations- noch seiner Verkehrssicherungspflicht für Verletzungen, die sich ein Konzertbesucher beim Sprung von der Bühne in die Zuschauermenge zuzieht.

Zur Begründung führt das LG u.a. aus, dass bei einem 15-jährigen, das Gymnasium besuchenden Teilnehmer aufgrund seiner intellektuellen Fähigkeiten und seiner Entwicklung (§ 828 BGB) davon ausgegangen werden könne, dass er sich über das Verletzungsrisiko beim Stage-Diving bewusst ist. (......) Hinzukomme, dass der Kläger das beim Stage-Diving ohnehin schon bestehende Verletzungsrisiko noch gesteigert hat. Er hat sich nämlich – wie das Video belegt –

nicht lediglich von der Bühne auf die Zuhörer fallen lassen, sondern für seinen Sprung in dem Sinne noch „Anlauf" genommen, dass er sich aus gebeugten Knien abgeschnellt und dadurch noch zusätzlich „Schwung" gewonnen hat.

Nach der Auffassung des **OLG Hamm**[230] ist der Veranstalter eines Rockkonzerts verpflichtet, geeignete Maßnahmen zu ergreifen, um Stage-Diving zu unterbinden. Als Veranstalterin eines Rockkonzerts hatte die Beklagte die Verkehrssicherungspflicht, diejenigen Vorkehrungen zu treffen, die nach den Sicherheitserwartungen des jeweiligen Verkehrs geeignet sind, Gefahren von Dritten abzuwenden. Welche Maßnahmen vom Veranstalter zu ergreifen sind, hänge immer vom jeweiligen Einzelfall ab. Es könne durchaus erforderlich sein, den Bühnenbereich durch Absperrgitter oder Barrieren zu sichern. Möglicherweise könnten darüber hinaus weitere Ordnungskräfte erforderlich sein. Keinesfalls genüge es aber, dass sich zwei Ordnungskräfte hinter den Boxentürmen aufgehalten haben.

Allerdings treffe die Klägerin ein nicht unerhebliches Mitverschulden. Wer die Steigerung und das Aufheizen der Stimmung im Laufe des Konzerts mitbekommt – so das urteilende Gericht – und sich gleichwohl bis zum Höhepunkt des Konzerts in vorderster Front aufhält, der setzt sich selbst der Gefahr mit aus und muss sich dies bei Schadenseintritt entgegenhalten lassen.

**b) Hörschaden.** Mit Urteil vom 8. 7. 2005 wies das **LG Hamburg**[231] die Klage eines hörgeschädigten Konzertbesuchers ab.

Zwar treffe einen Konzertveranstalter die Pflicht, das Konzertpublikum vor einer übermäßigen und gesundheitsgefährdenden Lautstärke durch die Musikdarbietung zu schützen.[232] Diese Verpflichtung ist im vorliegenden Fall nach Auffassung des Gerichts eingehalten worden, da der Veranstalter die Vorschriften der einschlägigen **DIN 15905** Teil 5 eingehalten habe. Der beauftragte Sachverständige hatte durch seine Messungen nachträglich festgestellt,[233] dass sich unter Konzertbedingungen bei voll besetztem Konzertsaal der im Höchstfall auf die Konzertbesucher einwirkende Dauerschallpegel auf 97 Dezibel beläuft. Dieser Dauerschallpegel überschreitet die nach der DIN 15905 Teil 5 für Konzerte dieser Art geltenden Grenzwerte zum Schutz des Publikums vor Gehörgefährdung noch nicht, weil sie für ein zweistündiges Konzert bei 99 Dezibel und für ein vierstündiges Konzert bei 96 Dezibel liegen, die Musikdarbietungen im zu entscheidenden Fall aber nur bis zu 2,5 Stunden gedauert haben.

Bezüglich der Haftung des Veranstalters eines Rockkonzerts für einen **Hörsturz** eines Konzertbesuchers wurde Folgendes entschieden:[234]

- Ein Konzertveranstalter hat u.a. die Pflicht, die notwendigen und möglichen Maßnahmen zu treffen, um Konzertbesucher vor Hörschäden durch eine übermäßige Lautstärke der Musik zu schützen.
- Es bleibt vorliegend offen, ob bei einem Konzert in einem Zirkuszelt die in der DIN 15905 Teil 5 „Tontechnik in Theatern und Mehrzweckhallen“ genannten, in festen Gebäuden geltenden Grenzwerte für die Geräuschentwicklung maßgeblich sind.
- Jedenfalls lässt nämlich ein Hörsturz nach einem Rockkonzert (Punk, Hardcore und Grunge) nicht notwendiger Weise den Schluss auf eine übermäßige Geräuschentwicklung durch die Musik zu, weil (wie sachverständig festgestellt) ein Hörsturz auch dadurch hervorgerufen werden kann, dass im Abstand von 1 m ein Pfiff mit 120 dB ertönt und dieser Wert auch erreicht werden kann, wenn mehrere Konzertbesucher pfeifen. Es spricht dann kein Anscheinsbeweis für eine übermäßige Lautstärke der Musik.
- Eine Beweislastumkehr zu Lasten des Konzertveranstalters folgt auch nicht daraus, dass dieser während des Rockkonzerts nicht dauernd den Schallpegel nach dem Messverfahren der DIN 15905 Teil 5 gemessen und das Messergebnis nicht als Dokumentation aufbewahrt hat.

In dem vom BGH[235] entschiedenen Fall hatte die Klägerin nach einem vom Beklagten veranstalteten Konzert mit Punk-, Hardcore- und Grunge-Rockmusik in einem Zelt einen Hörsturz mit anschließendem Tinnitus erlitten.

Der BGH führt aus, dass der Umfang der Verkehrssicherungspflicht nicht allein durch DIN-Normen bestimmt werde. Wie jeder, der eine Gefahrenquelle für andere eröffnet, hat auch der Veranstalter einer Musikdarbietung grundsätzlich selbständig zu prüfen, ob und welche Sicherungsmaßnahmen zur Vermeidung von Schädigungen der Zuhörer notwendig sind; er hat die erforderlichen Maßnahmen eigenverantwortlich zu treffen, auch wenn gesetzliche[236] oder andere Anordnungen, Unfallverhütungsvorschriften[237] oder technische Regeln wie DIN-Normen[238] seine Sorgfaltspflichten durch Bestimmungen über Sicherheitsmaßnahmen konkretisieren.

Die auf freiwillige Beachtung ausgerichteten Empfehlungen des Deutschen Instituts für Normung e.V. (DIN-Normen) spiegeln den Stand der für die betreffenden Kreise geltenden anerkannten Regeln der Technik wider und sind somit zur Bestimmung des nach der Verkehrsauffassung zur Sicherheit Gebotenen in besonderer Weise geeignet.[239]

Das **OLG Koblenz**[240] verurteilte sowohl die Betreiberin eines Unterhaltungszentrums, als auch die die Künstler, eine „boy group“, vermittelnde Künstleragentur gem. § 823 Abs. 1 BGB, weil sie ihre

Verkehrssicherungspflichten schuldhaft verletzt haben und die Klägerin in der Folge eine Innenohrschädigung erlitt:

- Wer Räumlichkeiten für die Veranstaltung eines Popkonzerts zur Verfügung stellt und wer für das Konzert die Musikanlage und das Bedienungspersonal bereitstellt, trägt die Verkehrssicherungspflicht dafür, dass bei dem erkennbar auf große Lautstärken angelegten Konzert ausreichende Sicherungsmaßnahmen getroffen werden, damit für die Konzertbesucher keine Gesundheitsschädigungen wie z. B. Hörschäden infolge der Musikeinwirkung eintreten können.
- Der Schmerzensgeldanspruch wegen der durch den Konzertbesuch ausgelösten Innenohrschädigung mit Tinnitus und Schwindel ist grundsätzlich mit 9.000,00 DM zu bemessen.

Der Einwand der Beklagten, die Klägerin sei durch das Gekreische der sie umgebenden Konzertbesucher geschädigt worden, hat nach der Auffassung des Gerichts keine tragfähige Grundlage:

„(......) Dr. F. hat ausgeführt, dass menschliches Kreischen nur dann ein Lärmtrauma erzeugt, wenn die kreischende Person ihren Mund an den Gehörgang heranführt und gleichzeitig den Kopf festhält, um Schutzreflexe auszuschalten. Dafür, dass es konkret zu einer solchen Situation gekommen wäre, fehlt jeder Anhalt. Im Übrigen ist, wenn eine Schädigung durch Kreischlaute stattfindet, grundsätzlich nur das Ohr betroffen, in das gekreischt wird. Im Fall der Klägerin waren aber beide Ohren betroffen. (......)“[241]

Auch die Berufung auf in der Klägerin selbst begründete physiologische Ursachen ließ das Gericht nicht gelten:

„(......) Die Annahme, ausschlaggebend sei letztlich ein Flüssigkeitsmangel gewesen, weil die Klägerin vor dem Konzertbesuch zuwenig getrunken habe, ist gem. den Darlegungen von Dr. (......) im Hinblick auf den klinischen Verlauf verfehlt. Dasselbe gilt für Stressfaktoren. Wie Dr. F hervorgehoben hat, muss eine Stresseinwirkung über Wochen und Monate anhalten, damit sich eine Innenohrschädigung bilden kann. Dies trifft auf die Klägerin ersichtlich nicht zu. Die weitergehende Erwägung der Beklagten, der Schaden der Klägerin sei auf Sauerstoffmangel, eine Erkrankung der Halswirbelsäule, eine Kieferfehlstellung, auf Zahnfüllungen, Zähnknirschen oder die Einnahme von Medikamenten zurückzuführen, gibt allgemeine Erwägungen in einer Zeitschrift wieder und hat – bezogen auf den konkreten Fall – keinen realistischen Anknüpfungspunkt. (......)“[242]

Bezüglich der Höhe des zugesprochenen Schmerzensgeldes iHv. DM 9.000,00 bezog sich das erkennende Gericht auf einschlägige gerichtliche Entscheidungen in Fällen von Gehörschädigungen.[243]

Das **OLG Zweibrücken**[244] ist der Auffassung, dass die Reichweite der Verkehrssicherungspflicht eines Veranstalters überspannt würde, wenn von ihm generell ohne das Hinzutreten besonderer Umstände verlangt würde, dass bei Durchführung einer Musikveranstaltung in unmittelbarer Nähe des Bühnenbereichs stets Absperrmaßnahmen zur Vermeidung gesundheitlicher Lärmbelästigungen anzubringen sind:

- Einen Anscheinsbeweis dafür, dass ein Innenohrschaden eines 15-jährigen Besuchers eines Freiluftkonzerts auf das Abspielen überlauter, gesundheitsschädlicher Musik auf der Bühne zurückzuführen ist, gibt es nicht. Der Verletzte kann sich daher nicht mit Erfolg auf Beweiserleichterungen berufen.
- Jedenfalls trifft ihn auch ein derart hohes Mitverschulden, dass ein etwaiger Schmerzensgeldanspruch ausgeschlossen ist. Von einem altersgerecht einsichtsfähigen 15-jährigen Jugendlichen kann erwartet werden, dass er selbst erkennt, ob Lärm so erheblich ist, dass er sich durch eine längere Beschallung einer Schädigung aussetzen würde und ob er sich deshalb besser von der Lärmquelle entfernt.

Allerdings kann eine solche Verpflichtung bestehen, wenn z.B. ein jederzeitiges Entfernen von der Lärmquelle nicht möglich ist und ein „Ausgesetztsein" begründet wird.

### 3. Rechtsprechung zum Vertragsverhältnis Vorverkaufsstelle-Veranstalter

**a) Handelsvertretereigenschaft der Vorverkaufsstelle für Konzertkarten.**[245] In dem vom BGH entschiedenen Fall unterhielt die Klägerin ein Einzelhandelsgeschäft für Tabakwaren und Zeitschriften. Daneben verkaufte sie für verschiedene Veranstalter Eintrittskarten, u.a. für Konzerte.

Die Vorverkäufe tätigte sie im Namen der Veranstalter und erhob einen Vorverkaufsaufschlag iHv. 10% des Eintrittspreises.

Für den beklagten Inhaber einer Konzertagentur hat die Klägerin so 7 Jahre Eintrittskarten verkauft; danach kündigte der Beklagte die Zusammenarbeit. Daraufhin nahm ihn die Klägerin auf Schadensersatz wegen Verletzung eines Handelsvertretervertrages in Anspruch.

**b) Vorverkaufsstelle als Handelsvertreterin i.S.d. § 84 HGB.** Sowohl das erstinstanzliche Landgericht, das zweitinstanzliche Oberlandesgericht, als auch der BGH haben entschieden, dass zwischen den Parteien ein Handelsvertretervertrag i.S.d. §§ 84ff. HGB bestand. Während der Zeit der Zusammenarbeit mit der beklagten Konzertagentur, sei die Klägerin als selbständige Gewerbetreibende damit betraut gewesen, Konzertkarten für den Beklagten und in dessen Namen zu verkaufen.[246] Dies gelte nach ständiger Rechtsprechung nicht nur für Warenvertreter, sondern auch für andere Absatzmittler.[247] Für die Beurteilung einer Tätigkeit als Handelsvertreter komme es nicht auf den Umfang der wahrzunehmenden Aufgaben oder darauf an, ob die geschuldeten Dienste höherer oder untergeordneter Art sind. Maßgebend ist allein, ob der Beauftragte als selbständiger Gewerbetreibender ständig mit der Vermittlung oder dem Abschluss von Geschäften für den Unternehmer betraut ist.[248]

Durch die vorzeitige Beendigung des Vertrages habe der Beklagte eine Vertragsverletzung begangen, die ihn zum Schadensersatz in Höhe des Provisionsausfalls der Klägerin verpflichte.[249]

**c) Kartenvorverkauf: Haftung der Vorverkaufsstelle bei Insolvenz des Kartenlieferanten.**[250] Das AG Schleswig entschied ebenfalls, dass es sich bei der Vorverkaufsstelle um eine Vermittlerin, d.h. Handelsvertreterin i.S.d. § 84 HGB handelt mit der Folge, dass der dem Kauf der Eintrittskarte zugrunde liegende Veranstaltungsvertrag ausschließlich zwischen Kartenkäufer und Veranstalter[251] zustande kommt.

In dem vom AG Schleswig entschiedenen Fall fiel der Kartenverkäufer in die Insolvenz mit der Folge, dass er die verkauften Karten für die Veranstaltung „Formel 1 Grand Prix von Deutschland" für einen gezahlten Kaufpreis iHv. 2198,04 DM nicht liefern konnte.

Daraufhin nahm der Kartenkäufer die Vorverkaufsstelle auf Schadensersatz in Anspruch. Abgesehen davon, dass auch das AG Schleswig die Handelsvertretereigenschaft der Vorverkaufsstelle bejahte, wies es die Klage ab, da ein Vertrag nur mit dem Kartenverkäufer zustande gekommen sei und die beklagte Vorverkaufsstelle im Übrigen nicht schuldhaft gehandelt habe.[252]

# C. Anhang

## I. Die GEMA Gesellschaft für musikalische Aufführungs- und mechanische Vervielfältigungsrechte

Die GEMA ist eine Verwertungsgesellschaft im Sinne des Wahrnehmungsgesetzes (UrhWG). In der Rechtsform eines wirtschaftlichen Vereins Kraft staatlicher Verleihung (§ 30 BGB) mit Sitz in Berlin steht sie unter der Aufsicht des Deutschen Patent- und Markenamtes sowie des Bundeskartellamtes.

Die GEMA nimmt die Urheberrechte treuhänderisch wahr, die ihr ihre Mitglieder im Rahmen des sog. Berechtigungsvertrages übertragen haben. Den anfragenden Musiknutzern, stellt die GEMA stellvertretend und treuhänderisch für die Berechtigten (Komponisten, Autoren, Bearbeiter und Verlage) gegen entsprechende Vergütung das Weltrepertoire von derzeit[253] rund 2 Millionen Werken zur Verfügung. Diesbezüglich unterliegt die GEMA einem Abschlusszwang gem. § 6 UrhWG.

Nach Deckung ihrer notwendigen Verwaltungskosten schüttet die GEMA die gesamten Einnahmen an die bezugsberechtigten Mitglieder (Autoren, Komponisten, Bearbeiter und Verlage) und an die mit ihr in vertraglicher Verbindung stehenden in- und ausländischen Verwertungsgesellschaften aus. Im Jahre 2006 betrug der durchschnittliche Kostensatz für die Verwaltung der GEMA 14,4%.

### 1. Die Rechtewahrnehmung der GEMA

Folgende urheberrechtlichen Nutzungs- und Verwertungsrechte werden von der GEMA u.a.[254] für ihre Mitglieder treuhänderisch wahrgenommen:

**a) Aufführungsrechte**

- öffentliche Aufführungen durch Musiker
- öffentliche Aufführungen von Schallplatten, Tonbändern, Musikboxen oder Bildtonträgern
- öffentliche Wiedergabe durch Lautsprecheranlagen
- öffentliche audiovisuelle Wiedergabe
- Tonfilmaufführungen im Filmtheatern

**b) Senderechte**
- Hörfunksendungen
- Fernsehsendungen

**c) Vervielfältigungsrechte**
- Tonträgerproduktion
- Bildtonträgerproduktionen
- Vervielfältigung durch Rundfunkanstalten (Hörfunk und Fernsehen)

**d) private Vervielfältigung, Vermietung und Verleih**
- Inkasso bei Geräteherstellern und -importeuren von Tonbandgeräten und Videorekordern
- Vergütung von Leerkassetten
- Vermietung von Videofilmen durch Videotheken
- Verleih von Tonträgern oder Noten durch Bibliotheken

## 2. Rechtliche Grundlagen/Berechtigungsvertrag

Der Urheber eines geschützten Werkes im Sinne des § 2 UrhG (u.a. Werke der Musik, Sprachwerke) hat zunächst gemäß § 12 Abs. 1 UrhG das Recht zu bestimmen, ob und wie sein Werk zu veröffentlichen ist (sog. Erstveröffentlichungsrecht).

Gemäß § 15 Abs. 1 hat der Urheber darüber hinaus das ausschließliche Recht, sein Werk in körperlicher Form zu verwerten; dieses Recht umfasst insbesondere
- das Vervielfältigungsrecht des § 16 UrhG
- das Verbreitungsrecht des § 17 UrhG
- das Ausstellungsrecht des § 18 UrhG.

Gemäß § 15 Abs. 2 UrhG hat der Urheber ferner das ausschließliche Recht, sein Werk in unkörperlicher Form öffentlich wiederzugeben (Recht der öffentlichen Wiedergabe). Das Recht der öffentlichen Wiedergabe umfasst insbesondere
- das Vortrags-, Aufführungs- und Vorführungsrecht des § 19 UrhG
- das Recht der öffentlichen Zugänglichmachung des § 19a UrhG
- das Senderecht des § 20 UrhG
- das Recht der Wiedergabe durch Bild- oder Tonträger des § 21 UrhG
- das Recht der Wiedergabe von Funksendungen und von öffentlicher
- Zugänglichmachung im Sinne des § 22 UrhG.

Im Rahmen des zwischen Urheber und der GEMA abzuschließenden Berechtigungsvertrages, überträgt der berechtigte Urheber der GEMA als Treuhänderin für alle Länder alle ihm gegenwärtig zustehenden und während der Vertragsdauer noch zuwachsenden, zufallenden, wieder zufallenden oder sonst erworbenen Urheberrechte in folgendem Umfang zur Wahrnehmung nach Maßgabe der folgenden Bestimmungen:[255]

- Die Aufführungsrechte an Werken der Tonkunst mit oder ohne Text, jedoch unter Ausschluss der bühnenmäßigen Aufführung dramatisch-musikalischer Werke, sei es vollständig, als Querschnitt oder in größeren Teilen.
- Bühnenmusiken, soweit sie nicht integrierender Bestandteil des Bühnenwerks sind, Bühnenschauen, Filmbegleitmusik, Einlagen in Revuen, Einlagen in Operetten, Possen und Lustspielen, melodramatische und Kabarettaufführungen sind Gegenstand dieses Vertrags, soweit es sich nicht um die Aufführung von Bestandteilen dramatisch-musikalischer Werke in anderen Bühnenwerken handelt.
- Die Rechte der Hörfunk-Sendung mit Ausnahme der Sendung dramatisch-musikalischer Werke, sei es vollständig, als Querschnitt oder in größeren Teilen.
- Die Rechte der Lautsprecherwiedergabe einschließlich der Wiedergabe von dramatisch-musikalischen Werken durch Lautsprecher.
- Die Rechte der Fernseh-Sendung mit Ausnahme von dramatisch-musikalischen Werken, sei es vollständig, als Querschnitt oder in größeren Teilen.
- Die Rechte der Fernseh-Wiedergabe einschließlich der Wiedergabe von dramatisch-musikalischen Werken.
- Die Filmvorführungsrechte einschließlich der Rechte an dramatisch-musikalischen Werken.
- Die Rechte der Aufführung und Wahrnehmbarmachung mittels der gemäß Abs. h) hergestellten Vorrichtung mit Ausnahme der bühnenmäßigen Aufführung dramatisch-musikalischer Werke, sei es vollständig, als Querschnitt oder in größeren Teilen und der Wahrnehmbarmachung dramatisch-musikalischer Werke in Theatern im Sinne von § 19 Abs. 3 UrhG.
- Die Rechte der Aufnahme auf Ton-, Bildton-, Multimedia- und andere Datenträger einschließlich z. B. Speichercard, DataPlaydisc, DVD (Digital Versatile Disc), Twindisc, Ton- und Bildtonträger mit ROM-Part und entsprechende Träger mit Datenlink, sowie die Vervielfältigung- und Verbreitungsrechte an diesen Trägern.
- Das Recht, Werke der Tonkunst (mit oder ohne Text) in Datenbanken, Dokumentationssysteme oder in speicherähnlicher Art einzubringen.
- Das Recht, Werke der Tonkunst (mit oder ohne Text), die in Datenbanken, Dokumentationssystemen oder in speicherähnlicher

Art eingebracht sind, elektronisch oder in ähnlicher Weise zu übermitteln, einschließlich zum Beispiel für mobile Internetnutzung und für Musiktauschsysteme.
- Die Rechtsübertragung erfolgt zur Nutzung der Werke der Tonkunst (mit oder ohne Text) auch als Ruftonmelodien und als Freizeichenuntermalungsmelodien.[256]

## 3. Die GEMA und ihre Gegenseitigkeitsverträge

Die GEMA hat derzeit[257] insgesamt 69 Gegenseitigkeitsverträge das Aufführungs- und Senderecht betreffend abgeschlossen; es bestehen weitere 9 einseitige Verträge (Rechtsübertragungen auf die GEMA) sowie ein Mandat an die GEMA.[258] Einige wichtige Vertragspartner sind u.a. die Verwertungsgesellschaften
- ASCAP, New York (GEMA-Repertoire für USA nur soweit nicht durch BMI oder SESAC vertreten).
- BMI, New York (GEMA-Repertoire für USA nur soweit bei BMI-Mitgliedern verlegt oder subverlegt)
- SESAC, New York (GEMA-Repertoire für USA nur soweit bei SESAC-Mitgliedern verlegt oder subverlegt)
- SACEM, Paris (Frankreich)
- TRS, London (Großbritannien)
- AKM, Wien (Österreich)

Bezüglich der mechanischen Vervielfältigungsrechte hat die GEMA insgesamt 46 Gegenseitigkeits- und 12 einseitige Verträge (Rechtsübertragung auf die GEMA) mit anderen Verwertungsgesellschaften abgeschlossen. Darüber hinaus besteht ein Mandat sowie eine Rechtsübertragung seitens der GEMA auf die sog. „Enrique Lebendiger“ (Brasilien).[259]

## 4. Die GEMA-Tarife

Die GEMA hat ein ausgeklügeltes und umfassendes Tarifwerk entwickelt und dafür Sorge getragen, dass es kaum einen Lebensbereich ohne einschlägigen GEMA-Tarif gibt. Rein exemplarisch sei auf die GEMA-Tarife für Videoeinzelkabinen und Krematorien verwiesen.[260]

Im Bereich der Konzert- und Veranstaltungsbranche sind die Tarife für die Aufführung von Live-Musik sowie die Tarife für die Wiedergabe von Tonträgern und Bildtonträgern von Belang. Namentlich handelt es sich hier um die folgenden Tarife:[261]

#### a) Live-Tarife

| | |
|---|---|
| U-VK | Veranstaltungen mit U-Musik |
| U | Hintergrundmusik |
| VK | Variete, Kabarett, Zirkus, Gastspielunternehmen |
| VK (G) | Großveranstaltungen mit mehr als 3.000 Personen |
| E | Konzerte der E-Musik |
| E-P | Konzert E-Musik (pädagogische Zwecke) |
| CH | Konzert von Chören |
| BM | Musik in Bühnen und Theatern |
| U-BÜH | Bühnenaufführungen aus Werken des kleinen Rechts im Zusammenhang mit Shows, Compilationshows, Revuen, etc. |
| WR-VR-B 1 | Musik in Kleinkunstbühnen |
| B | Musik in Kurorten (Kurcafé) |
| WR-K 1 | Musik in Gottesdiensten |
| U-T | Musikaufführungen mit Musikern in Tanzlokalen |
| WR-WB | Musik mit Werbung |

#### b) Tarife für die Wiedergabe von Tonträgern und Bildtonträgern

| | |
|---|---|
| M-U-U | Musik mit Tonträgern |
| BT | Musik mit Bildtonträgern |
| S-TV | Musik mit Bildtonträgern ohne Veranstaltungscharakter und ohne Tanz |
| WR-T-BAL | Musik in Ballettschulen |
| WR-KS | Musik in Kursen |
| WR-VR-MES | Musik auf Messen und Ausstellungen |
| WR-VR-K | Nutzung des GEMA-Repertoires durch Narrenvereinigungen und -verbände für das Training, die Überstunden, Wettbewerbe und sonstige öffentliche Auftritte von Tanzgarden, Balletten, Tanzpaaren und/oder Tanzmariechen |
| WR-WB | Musik mit Werbung |
| WR-N | Regelmäßige Musikwiedergabe mit Tonträgern in Table-Dance-Lokalen, Striptease-Lokalen, usw. |
| WR-OKJE | Wiedergabe von Werken des GEMA-Repertoires in ein Einrichtungen der offenen Kinder- und Jugendarbeit |
| WR-BEST | Nutzung von Werken des GEMA-Repertoires bei Bestattungen |

#### c) Tarife für Weiterübertragung der Musik

| | |
|---|---|
| W-T 1 | Weiterübertragung von Tonträgermusik (außer Gastronomiebereich) |

| | |
|---|---|
| W-BT 1 | Weiterübertragung von Bildtonträgermusik (außer Gastronomiebereich) |
| WR-WB | Musik mit Werbung |
| W-S 2 | Weiterübertragung von Funksendungen (außer Gastronomiebereich und Krankenhäuser) |
| WR-S 1 | Weiterleitung von Musik im Gastronomiebereich |
| WR-S 2 | Weiterleitung von Musik in Krankenhäusern |

## 4. Gesamtverträge

Von erheblicher Bedeutung für die Nutzer urheberrechtlich geschützter Werke ist die Möglichkeit, Mitglied einer Vereinigung zu werden, die mit der GEMA einen Gesamtvertrag abgeschlossen hat. Mitgliedern von Gesamtvertragspartnern räumt die GEMA auf alle Tarife einen Gesamtvertragsnachlass in Höhe von 20% ein.

Gesamtvertragspartner sind im Bereich der Konzert- und Veranstaltungsbranche u.a. der Europäische Verband der Veranstaltungs-Centren e.V. (EVVC),[262] der Verband der Konzertdirektionen (VDK), der Deutsche Hotel – und Gaststättenverband (DEHOGA) sowie der idkv-Bundesverband der Veranstaltungswirtschaft e.V. (idkv).

## 5. Die GVL

Die Gesellschaft für Verwertung von Leistungsschutzrechten (GVL) ist die Verwertungsgesellschaft der ausübenden Künstler und Tonträgerhersteller. Träger der GVL sind die Deutsche Orchestervereinigung e.V. (DOV) und die Deutsche Landesgruppe der internationalen Vereinigung der phonographischen Industrie (IFPI). Die GVL hat ihren Sitz in Berlin.[263]

Zu den ausübenden Künstlern im Sinne der §§ 73ff. UrhG gehören Musiker, Sänger, Tänzer, Schauspieler und alle sonstigen Werkinterpreten. Tonträgerhersteller sind „Schallplattenfirmen" sowie sonstige Tonträgerproduzenten.

Die GVL nimmt die sogenannten Zweitverwertungsrechte für ausübende Künstler und Tonträgerhersteller wahr. Das Inkasso hat die GVL der GEMA übertragen. Sie zieht hierfür auf der Basis der von der GVL aufgestellten Tarife und vorhandenen Verträge die Vergütungen ein und verteilt sie an ihre Berechtigten (ausübende Künstler und Tonträgerhersteller). Es handelt sich dabei u.a. um die gesetzlichen Vergütungsansprüche

- gegen Hörfunk- und Fernsehsender für die Verwendung erschienener Tonträger in ihren Programmen,

- gegen Kabelbetreiber für die Einspeisung von Fernseh- und Hörfunkprogrammen ins Kabelnetz,
- gegen Diskotheken, Gaststätten, Hotels, etc. für die öffentliche Wiedergabe von Tonträgern und von Radio- und Fernsehsendungen,
- gegen die Hersteller von Aufnahmegeräten und Lehrmedien für die private Überspielung von Tonträgern und Videokassetten sowie von Radio- und Fernsehsendungen,
- gegen die Videotheken für die Vermietung von Bildtonträgern und Tonträgern (Vermieterlaubnis durch den Hersteller vorausgesetzt),
- gegen die öffentliche Hand für den Verleih von Tonträgern und Bildtonträgern in öffentlichen Bibliotheken,
- gegen die Schulbuchverleger für die Aufnahme von Titeln aus erschienenen Tonträgern in Sammlungen für den Schul- und Unterrichtsgebrauch.

## II. Die Künstlersozialabgabe[264]

### 1. Das Wichtigste zur Künstlersozialabgabe[265]

Mit der Künstlersozialversicherung sind seit dem Jahre 1983 die selbständigen Künstler und Publizisten in die gesetzliche Sozialversicherung mit einbezogen. Selbständige Künstler und Publizisten müssen nur die Hälfte ihrer Beiträge selbst tragen und sind damit ähnlich günstig gestellt wie Arbeitnehmer. Die andere Beitragshälfte wird durch einen Bundeszuschuss und die Künstlersozialabgabe, d. h. eine Abgabe der Unternehmen finanziert, die künstlerische und publizistische Leistungen verwerten.

Das Künstlersozialversicherungsgesetz (KSVG) unterscheidet zwischen der „Abgabepflicht dem Grunde nach“ und der „Abgabepflicht der Höhe nach“:

### 2. Die Abgabepflicht „dem Grunde nach“ (§ 24 KSVG)

Die „dem Grunde nach“ abgabepflichtigen Unternehmen sind in § 24 KSVG aufgeführt. Abgabepflichtig i. S. d. KSVG können danach u. a. private Unternehmen, Betriebe, öffentlich-rechtliche Körperschaften und eingetragene Vereine sein. Beispielsweise sind abgabepflichtig

- Verlage und Presseagenturen
- Theater, Orchester und Chöre
- Theater-, Konzert- und Gastspieldirektionen
- Rundfunk- und Fernsehanbieter
- Hersteller von Bild- und Tonträgern
- Galerien und Kunsthandel
- Werbeagenturen
- Varietè- und Zirkusunternehmen
- Museen
- Aus- und Fortbildungseinrichtungen für künstlerische und publizistische Tätigkeiten.

Unternehmen, die Werbung für ihr eigenes Unternehmen betreiben, sind abgabepflichtig, wenn sie regelmäßig Aufträge an selbständige Künstler oder Publizisten erteilen. Damit gehören – unter vorgenannten Voraussetzungen – praktisch alle verkaufsorientierten Unternehmen zum Kreis der nach dem KSVG Abgabepflichtigen.

**Die Generalklausel des § 24 Abs. 2 S. 1 KSVG:** Zur Künstlersozialabgabe sind nach der Generalklausel des § 24 Abs. 2 S. 1 KSVG alle Unternehmer verpflichtet, die nicht nur gelegentlich Aufträge an selbständige Künstler oder Publizisten erteilen, um deren Werke oder Leistungen für Zwecke ihres Unternehmens zu nutzen, wenn im Zusammenhang mit dieser Nutzung Einnahmen erzielt werden sollen.

Bei der Durchführung von öffentlichen Veranstaltungen ist von einer Regelmäßigkeit auszugehen, wenn in einem Kalenderjahr mehr als drei Veranstaltungen durchgeführt werden (§ 24 Abs. 2 S. 2 KSVG).

### 3. Die Abgabepflicht „der Höhe nach" (§ 25 KSVG)

Zur Berechnungsgrundlage für die vom Verwerter abzuführende Künstlersozialabgabe zählen nicht nur die an selbständige Künstler und Publizisten gezahlten Honorare, sondern auch Auslagen und Nebenkosten, die einem Künstler oder Publizisten erstattet werden, z.B. für Material, Transport, Telefon und nicht künstlerische Nebenleistungen.

Nicht in die Berechnung einzubeziehen sind die gesondert ausgewiesene Umsatzsteuer, steuerfreie Aufwandsentschädigungen (z.B. Reise- und Bewirtungskosten) im Rahmen der steuerlichen Grenzen und die sog. Übungsleiterpauschale gem. § 3 Nr. 26 EStG.[266]

**Die Abgabesätze:** Es gelten folgende Prozentsätze:

| 2000 | 2001 | 2002 | 2003 | 2004 | 2005 | 2006 | 2007 | 2008 |
|---|---|---|---|---|---|---|---|---|
| 4,0% | 3,9% | 3,8% | 3,8% | 4,3% | 5,8% | 5,5% | 5,1% | 4,9% |

### 4. Die gesetzliche Meldepflicht

Gemäß § 27 Abs. 1 KSVG hat der Abgabepflichtige alle im Laufe eines Jahres an selbständige Künstler und Publizisten gezahlten Entgelte inkl. Auslagen und Nebenkosten bis zum 31. März des Folgejahres an die Künstlersozialkasse auf amtlichem Meldebogen zu melden. Hierbei reicht die Angabe einer Summe.

### 5. Vorauszahlungen

Aufgrund der Abrechnung für das Vorjahr berechnet die Künstlersozialkasse gem. § 27 Abs. 3 KSVG nicht nur die abzuführende Künstlersozialabgabe, sondern auch monatliche Vorauszahlungen für das laufende Jahr (ein Zwölftel der Entgeltsumme des Vorjahres multipliziert mit dem aktuellen Abgabesatz).

Gemäß § 27 Abs. 5 KSVG kann die Künstlersozialkasse auf Antrag die Höhe der Vorauszahlungen herabsetzen, wenn glaubhaft gemacht wird, dass voraussichtlich die Bemessungsgrundlage die für das vorausgegangene Kalenderjahr maßgebende Bemessungsgrundlage erheblich unterschreiten wird.

### 6. Aufzeichnungspflichten

Gemäß § 28 KSVG haben die Abgabepflichtigen fortlaufende Aufzeichnungen über die Entgelte im Sinne des § 25 KSVG zu führen. Die Aufzeichnung sind nach S. 2 dieser Vorschrift mindestens 5 Jahre nach Ablauf des Kalenderjahres, in dem die Entgelte fällig geworden sind, aufzubewahren.

Unternehmen, die von der Künstlersozialkasse oder seit 2007 von der Deutschen Rentenversicherung (DRV) „erwischt" werden oder solche, die sich erstmals bei ihr melden und bereits längerem tätig sind, müssen die Künstlersozialabgabe rückwirkend, d.h. für einen Zeitraum von 5 Jahren nachentrichten.

Wer vorsätzlich gegen seine Meldverpflichtung verstößt, muss u.U. mit einer weitergehenden rückwirkenden Inanspruchnahme und einem Bußgeld bis zu Euro 5.000,00 rechnen.

### 7. FAQ der Künstlersozialabgabe[267]

a) **Keine Künstlersozialabgabe bei Auslandstourneen.** Erhebungsgebiet der Künstlersozialkasse ist nur Deutschland. Daraus folgt, dass auf Honorare, die an Künstler für Auftritte im Ausland gezahlt wurden, keine Künstlersozialabgabe zu zahlen ist.[268]

b) **Vermittler haben die Künstlersozialabgabe zu tragen, wenn der Vertragspartner des Künstlers nicht abgabepflichtig ist.** Handelt es sich beim Vertragspartner des Künstlers um ein nicht abgabepflichtiges Unternehmen (z.B. einen Kleingartenverein, der nur 2 Veranstaltungen im Jahr durchführt oder eine private Hochzeitsgesellschaft), ist der Vermittler der Höhe nach abgabepflichtig, d.h. er muss die auf das Künstlerhonorar anfallende Künstlersozialabgabe an die KSK abführen.

c) **Verträge mit ausländischen Produktionsgesellschaften.** Dieser Punkt stellt eine wichtige Ausnahme zu dem Grundsatz dar, dass die Künstlersozialabgabe immer nur derjenige zu zahlen hat, der in direkter vertraglicher Beziehung zum Künstler steht.

Hat ein inländisches Unternehmen (z.B. eine Konzertdirektion oder ein Tourveranstalter) mit einer ausländischen Produktionsgesellschaft einen Vertrag über die Lieferung einer Band für ein Konzert oder eine Tournee im Inland geschlossen, hat das inländische Unternehmen die auf die Künstlergage anfallende Künstlersozialabgabe an die KSK zu entrichten, da die ausländische Produktionsgesellschaft im Inland nicht abgabepflichtig ist. Bemessungsgrundlage bildet das Künstlerhonorar. Ist der Veranstalter nicht in der Lage dieses zu ermitteln (z.B. weil die ausländische Produktionsgesellschaft ihre Kalkulationsgrundlage nicht offenbaren möchte), ist die KSK berechtigt zu schätzen. Hierbei darf die KSK 25% aller erzielten Bruttoeinnahmen aus dem Kartenvorverkauf, Merchandising etc. in Ansatz bringen.[269]

d) **Zahlungen an nicht in der KSK versicherte Künstler.** Ob ein auftretender Künstler selbst in der KSK versichert ist oder nicht, ist für die Frage der Künstlersozialabgabe unerheblich. Auch Zahlungen an nicht versicherte Künstler unterliegen in gleichem Maße der Abgabepflicht.

e) **Abwälzung der Künstlersozialabgabe.** Eine Vereinbarung, wonach die Künstlersozialabgabe auf den Künstler abgewälzt wird, ist gem. § 32 SGB I nichtig und daher unwirksam.

Zwischen Unternehmen hat eine solche Vereinbarung allenfalls zivilrechtliche Wirkung; die Vorschriften des Künstlersozialversicherungsgesetzes können vertraglich nicht umgangen werden. Es wird also immer derjenige abgabepflichtig sein, der in direkter vertraglicher Beziehung zum Künstler steht.[270]

# D. Weiterführende Hinweise zu Literatur und Rechtsprechung

1 GfK-Studie zum Konsumverhalten der Konzert- und Veranstaltungsbesucher in Deutschland (September 2004), herausgegeben vom Bundesverband der Veranstaltungswirtschaft (idkv) in Zusammenarbeit mit DER Musikmarkt, S. 3.

2 U. a. sind dies: Entlassungen erfahrender Mitarbeiter mit Repertoirekenntnis und Ersetzten durch unerfahrene jüngere Mitarbeiter in den 90-er Jahren, zu spätes Reagieren auf konkurrierende Internetanbieter wie z. B. i-tunes, keine Pflege des bei der zahlungskräftigen Käuferschicht gefragten Repertoires der heute 40–60-Jährigen, kein entschiedenes Vorgehen gegen Anbieter illegaler Tonträger etc.

3 Für ein reguläres Front-of-stage-Ticket im Rahmen der Rolling-Stones-Tournee 2006 zahlte der Autor z. B. einen Eintrittspreis von 163,00 Euro, 2007 bereits 198,00 Euro.

4 GfK-Studie, a. a. O.

5 Die Verteilung des Marktes nach Veranstaltungsarten sieht nach der Gfk-Studie (a. a. O. S.4) u. a. wie folgt aus: Musical: 18% (502 Mill. Euro), Oper: 14,6% (390 Mill. Euro), Rock/Pop 14,2% (379 Mill. Euro), Klassik: 12,8%.

6 Die beispielsweise aus dem Konzertgeschäft der USA bekannten „Monsterverträge", d. h. mit diversen Anlagen bis zu 120-Seiten starke englischsprachige Vertragswerke, sind nicht Gegenstand dieser Abhandlung.

7 Im Jahre 2006.

8 Vorgenannte Namen sind rein exemplarisch gewählt und in diesem Kontext frei erfunden.

9 info@musiclawyer.de.

10 Palandt, Bürgerliches Gesetzbuch, Einführung vor § 164, Rn. 1, § 154, Rn. 1 (66. Auflage, C. H. Beck, Auflage, München, 2007).

11 OLG Koblenz, Urteil vom 12. 6. 2002, AZ: 1 U 1103/01, BeckRS 2002 30265229.

12 OLG Koblenz a. a. O.

13 OLG Koblenz a. a. O.

14 OLG Koblenz a. a. O.

15 BGH, NJW 1951, 397.

16 Palandt, a. a. O. § 154, Rn. 1 m. w. N.

17 Diese könnte z. B. in der Eröffnung des Kartenvorverkaufs durch den Veranstalter sehen zu sein.

18 Palandt, a. a. O.

19 Palandt, Einf. v § 145, Rn. 18 m. w. N.

20 Palandt, a. a. O.

21 Palandt, a. a. O.

22 OLG Koblenz, a. a. O.

23 Hier: DM 1175,00.

24 OLG Koblenz a. a. O.

25 Palandt, Einf. v § 145, Rn. 19 m. w. N.

26 Vgl. Palandt, Einf v § 145, Rn. 1.

27 Palandt, § 147, Rn. 8.

28 Palandt, § 147, Rn. 9.

29 Palandt a. a. O. m. w. N.

30 Palandt, § 147, Rn. 11 ff.

31 Palandt, § 147, Rn. 11.
32 Palandt, § 147, Rn. 14 m. w. N.
33 Palandt, § 147, Rn. 15 m. w. N.
34 Palandt, § 147, Rn. 17 mit Verweis auf BGH, NJW 62, 246.
35 Palandt, § 147, Rn. 17 mit Verweis auf BGH, NJW 62, 104.
36 Vgl. Konzert-/Aufführungsvertragsmuster, Michow in: Moser/Scheuermann, Handbuch der Musikwirtschaft, Josef Keller Verlag, 6. Auflag, München, 2003, S. 1282 ff. sowie Hertin in: Münchner Vertragshandbuch, Band 3, Wirtschaftsrecht II. 5. Auflage, C. H. Beck, 2004, VII. 26, S. 844 ff. m. w. N.
37 Vgl. FN 36.
38 Der Name der Diskothek ist frei erfunden.
39 Palandt, Bürgerliches Gesetzbuch, Einführung vor § 164, Rn. 1, 66. Auflage, C. H. Beck, Auflage, München, 2007).
401 Palandt, a. a. O., Rn. 15.
41 Palandt, a. a. O. Einführung 5 vor § 164 BGB.
42 Palandt, a. a. O. § 167, Rn. 1.
43 Beschallungsanlage (PA = engl. = „public adress"; auch: „power amplifier").
44 Palandt, a. a. O., § 172, Rn. 8 mit Verweis aus BGH, NJW 02, 2325 sowie NJW-RR 04, 1275/77 m. w. N.
45 Palandt, a. a. O. § 172, Rn. 11 mit Verweis auf BGB NJW 81, 1728, 98, 1854 m. w. N.
46 Palandt, a. a. O. § 172, a. a. O., Rn. 12.
47 AG Lünen, Urteil vom 24.8.2000, AZ: 7 C 117/00.
48 KG Berlin, Urteil vom 14.11.1984, AZ: 24 U 3084/84, NJW 1985, 2137 sowie AG Ludwigslust, Urteil vom 14.10.2003, AZ: 3 C 473/03, NJW 2005, 610.
49 AG Ludwigslust, a. a. O.
50 Palandt, Kommentar zum Bürgerlichen Gesetzbuch, Einf. Vor § 631, Rn. 29, 66. Auflage, München, 2007 mit Verweis auf MüKo, Müller-Glöge, § 611, Rn. 136.
51 Palandt, a. a. O. Einführung vor § 611, Rn. 1.
52 Palandt, a. a. O. Einführung vor § 611, Rn. 20.
53 Palandt, a. a. O., Einführung vor § 611, Rn. 7.
54 Vgl. AG Ludwigslust, a. a. O.
55 Vgl. AG Ludwigslust a. a. O.
56 Im Jahre 2006.
57 Zum Inland im Sinne des EStG (nach dem UStG existiert ein anderer Inlandsbegriff – gehört auch der der Bundesrepublik Deutschland zustehende Anteil am Festlandsockel, soweit dort Naturschätze des Meeresgrundes und des Meeresuntergrundes erforscht oder ausgebeutet werden.
58 FG Düsseldorf, Urteil vom 25.2.2004, AZ: 7 K 7162/01 G, DStRE 2004, 638–640 sowie EFG 2004, 1628-1629.
59 www.bzst.bund.de.
60 Vorabentscheidungsersuchen des Bundesfinanzhofs (Deutschland) – FKP Skorpio Konzertproduktion GmbH/Finanzamt Hamburg-Eimsbüttel in der Rechtssache AZ: C-290/04.
61 BMF-Schreiben vom 20. 7. 1983, IV B 4 – S 2303 – 34/83, BStBl. 1983, 382.
62 FG Düsseldorf, Urteil vom 31. 7. 2003, AZ: 11 K 7372/01 E; vgl. auch VV RP OFD Koblenz, 2005-04-11, S. 2411, A – St 33 3.
63 BStBl. 1996, Teil 1, Seite 91, Rz. 1.4.
64 BMF-Schreiben vom 20. 7. 1983, IV B 4 – S 2303 – 34/83, BStBl. 1983, 382.
65 OFD-Berlin, Verfügung vom 21. 7. 1998, St. 414 – F 2303 – 3/95.
66 BFH, Urteil vom 26. 5. 2004, AZ: I R 80/03, BFHReport 2004, 1356-1358.
67 FG Düsseldorf, Urteil vom 17. 10. 2005, AZ: 11 K 5617/04 E, Revision zum BFH eingelegt: AZ I R 99/05 mit Verweis auf BVerfG, 2. Senat, 6. 3. 2002, AZ:

2 BvL 17/99; BVerfG, 2. Senat, 30. 9. 1998, AZ: 2 BvR 1818/91; BFH, 9. Senat, 25. 11. 1997, AZ: IX R 28/96 m. w. N.

68 FG Düsseldorf, a. a. O. mit Verweis auf Kemoermann in Flick-Wassermeyer-Wingert-Kempermann, DBA Deutschland-Schweiz, Art 17, Tz. 16.

69 FG Düsseldorf a. a. O. mit Verweis auf Hessisches Finanzgericht, Urteil vom 17. 12. 1975, AZ: II 828/67, EFG 1976, 452 m. w. N.

70 Entscheidung vom 19. 4. 1978, AZ: 2 BvL 2/75, BVerfGE 48, 210, BStBl. II 1978, 548.

71 BVerfG a. a. O.

72 FG Düsseldorf a. a. O. mit Verweis auf Balzerkiewicz/Voigt, BB 2005, 302.

73 FG Düsseldorf, Urteil vom 31. 7. 2003, AZ: 11 K 7372/01 E.

74 Gegen die Entscheidung des LG Düsseldorf wurde Revision eingelegt, AZ des BFH: I R 80/03.

75 Vgl. OFD Kiel, Vfg. vom 11. Juni 1998, S 2303 A – St 116, DB 1998, 1692; OFD München, Vfg. vom 11. April 2000, S 2303 – 49 St 42, DStR 2000, 1009.

76 Vgl. OFD Berlin, Vfg. Vom 21. Juli 1998, St 414 – S 2303 – 3/95, DStR 1999, 26.

77 W. v. DStR 1999, 26.

78 DStR 2000, 1009.

79 Vgl. dazu: BVerfG, Beschlüsse vom 6. März 2002, AZ: II BvL 17/99, BStBl. II 2002, 618 und vom 30. September 1999, AZ: II BvR 1818/91, BVerfGE 99, 88.

80 AZ des BFH: VI R 34/06.

81 Bis 31. 12. 2005: Bundesamt für Finanzen (BFF).

82 Merkblatt des Bundesamtes für Finanzen zum Antrag nach § 50 d EStG auf Erteilung einer Freistellungsbescheinigung und/oder Erstattung von deutscher Abzugssteuer aufgrund Doppelbesteuerungsabkommen (DBA) – einzusehen unter www.bzst.bund.de.

83 Sog. Bagatellgrenze.

84 2007.

85 Antragsvordrucke sind beim Bundeszentralamt für Steuern, An der Küppe 1, 53225 Bonn, Tel. 02 28/4 06-0, Fax 02 28/4 06-26 61, E-Mail: poststelle@bzst.bund.de oder über die Website www.bzst.bund.de erhältlich.

86 Hinweise über die Ausstellung der Ansässigkeitsbescheinigung hat die US-Steuerbehörde in der Informationsschrift publication 686 veröffentlicht.

87 BFH, Urteil vom 9. 8. 2000, BStBl. 2000 II Seite 13.

88 BFH, Urteil vom 12. 8. 1997, BStBl. 1998 II, 131.

89 Antragsvordrucke sind beim Bundeszentralamt für Steuern, An der Küppe 1, 53225 Bonn, Tel. 02 28/4 06-0, Fax 02 28/4 06-26 61, E-Mail: poststelle@bzst.bund.de oder über die Website www.bzst.bund.de erhältlich.

90 Grams, Molenaar, DStR 30/2003, 1245.

91 EuGH, Urteil vom 12. 6. 2003, Rs. C-234/01 (Rechtssache Gerritse), DStR 2003, 1112.

92 Die Einnahmen betrugen umgerechnet 3.000,00 Euro; die Betriebsausgaben 500,00 Euro; der Steuerabzug iHv. 25% 750,00 Euro.

93 Grams, Molenaar, a. a. O.

94 BMF-Schreiben vom 24. 10. 2003.

95 März 2007.

96 Schreiben des Bundesministeriums der Finanzen vom 7. 5. 2002, Aktenzeichen: IV B 4 – S 2293 – 26/02, Seite 11.

97 Siehe zu all dem: BMF-Schreiben vom 23. 1. 1996, Aktenzeichen IV B 4 – S 2303 – 14/96 Teilziffer 2.2.1.).

98 BMF-Schreiben vom 23. 1. 1996, BStBl. 1996, Teil 1, Seite 89 ff., Teilziffer 2.2.1.

99 FG Münster, Urteil vom 25. 4. 2006, AZ: 11 K 6822/02; AZ des BFH: VI R 34/06.

100 FG Münster, Urteil vom 25. 4. 2006, AZ: 11 K 6822/02; AZ des BFH: VI R 34/06.
101 FG Münster, Urteil vom 25. 4. 2006, AZ: 11 K 6822/02; AZ des BFH: VI R 34/06.
102 BMF-Schreiben vom 23. 1. 1996, a. a. O., Teilziffer 2.2.2.
103 BMF-Schreiben vom 23. 1. 1996, a. a. O., Teilziffer 2.2.2.
104 BMF-Schreiben vom 23. 1. 1996, a. a. O., Teilziffer 2.2.3.1.
105 Vgl. Bundesministerium der Finanzen, Schreiben vom 23. 1. 1996, a. a. O., Teilziffer 2.2.3.1.
106 BMF-Schreiben vom 23. 1. 1996, a. a. O., Teilziffer 2.2.3.2. mit Verweis auf R 222 Abs. 3 und R 227 b EStR 1993.
107 BMF-Schreiben vom 23. 1. 1996, a. a. O., Teilziffer 2.2.3.2. mit Verweis auf R 222 Abs. 3 und R 227 b EStR 1993.
108 Zu all dem: BMF-Schreiben vom 23.01.1996, BStBl. 1996, Teil 1, Seite 92, Teilziffer 2.4.
109 BMF-Schreiben vom 23. 1. 1996, BStBl. 1996, Teil 1, Seite 92, Teilziffer 2.4.
110 BMF-Schreiben vom 23. 1. 1996, BStBl. 1996, Teil 1, Seite 92 und 94, Teilziffern 2.5. und 4.2.
111 FG München, Urteil vom 19. 5. 2004, AZ: 1 V 717/03, EFG 2004, 1532–1534.
112 FG München a. a. O.
113 Bezüglich der Inanspruchnahme der GmbH als Vergütungsschuldnerin auf der ersten Stufe verweist das FG München auf den Aussetzungsbeschluss AZ: 1 V 2704/03.
114 BFH, Urteile vom 3. 2. 1993, I R 80–81/91, BFHE 170, 263, BStBl. II 1993, 462 und vom 20. 7. 1990, I R 157/87, BFHE 161, 117, BStBl. II 1992, 43.
115 FG München a. a. O mit Verweis auf BFH, Beschluss vom 18. 6. 1999, AZ: I E 1/99, BFH/NV 1999, 1505 und unter Bezugnahme auf die Entscheidung FG München, Urteil vom 3.6.1998, AZ: 1 V 2704/03, EFG 1998, 1266.
116 Zur sog. Befreiungsmethode und zur sog. Anrechnungsmethode vgl. Wassermeyer in: Debatin/Wassermeyer, OECD-Musterabkommen, Art. 23 A MA und 23 B MA, Band 1, EL 97, Januar 2006.
117 Dieses aus dem Jahre 1996 stammende BMF-Schreiben ist aufgrund seiner detaillierten Stellungnahme zu verschiedenen Fallkonstellationen und der zahlreichen Fallbeispiele bis zum heutigen Tage richtungsweisend. Auch das FG München bezieht sich in seiner Entscheidung vom 19. 5. 2004 auf das schon etwas ältere BMF-Schreiben. Unverständlich ist, dass das BMF-Schreiben seit nunmehr über 10 Jahren nicht aktualisiert, sondern nur durch pauschal gehaltene Schreiben ergänzt wurde.
118 Vgl. BMF-Schreiben vom 23. 1. 1996, BStBl. 1996, Teil 1, Seite 98, Beispiele 1 bis 7).
119 Nachfolgend werden die Leitsätze wiedergegeben.
120 FG Düsseldorf, Beschluss vom 18. 8. 2003, AZ: 18 V 2628/03, IStR 2004, Heft 3, 90.
121 FG München, Beschluss vom 19. 2. 2004, AZ: 1 V 4730/02, IStR 2004, Heft 8, 280.
122 FG Rheinland-Pfalz, Urteil vom 11. 2. 1998, AZ: 1 K 2637/94, BFH, Urteil vom 21. 4. 1999, AZ: I B 99/98.
123 FG Münster, Urteil vom 25. 4. 2006, AZ: 11 K 6823/02, EFG 2006, 1166–1168. Gegen das Urteil wurde im Jahre 2006 Revision zum BFH eingelegt: AZ: VI R 35/06.
124 BFH, Urteil vom 19. 11. 2003, AZ: I R 22/02, BFHE 205,37; BStBl. II 2004, 560; IStR 2004, 379–383.
125 Vgl. dazu auch: FG Köln, Urteil vom 21. 2. 2002, AZ: 2 K 7905/00.

126 FG München, Urteil vom 22. 3. 2002, AZ: 1 V 4030/01, IStR 2002, 418–420, EFG 2002, 835–837.

127 Vgl. FN 125, Beschwerde eingelegt, AK d. BFH: I B 69/02.

128 FG München a. a. O. mit Verweis auf die „ganz herrschende Meinung“: FG München, Urteil vom 26. 11. 1997, AZ: I K 3660/94, EFG 1998, 743; Grams, RIW 1997, 55/60 m. w. N.

129 Hinweis auf Beispielsfall Nr. 4b des BMF-Schreibens vom 23. 1. 1996 zu trennbarer Vermittlungsleistung.

130 AZ: I R 64/99, BFHE 196, 210, DStR 2001, 2065.

131 Zur – anders gelagerten – Aufspaltung eines Künstlerauftritts in Überlassung der Künstler und des Namensrechts siehe BFH, Beschluss vom 27. 6. 2001, AZ: I B 153/00, BFH/NV 2001, 1563.

132 FG München, Urteil vom 16. 1. 2002, AZ: 1 K 1875/00.

133 Fischer/Reich, Der Künstler und sein Recht, a. a. O., § 11, Rn. 72, S. 268.

134 BFH, 5. Senat, Urteil vom 9. 8. 1990, AZ: V R 115/85, UR 1991, 138.

135 FG Köln, Urteil vom 11. 12. 1990, AZ: 2 K 235/86, EFG 1991, 354.

136 FG Köln, Urteil vom 4. 10. 1994, 8 K 869/93 sowie BFH, Urteil vom 14. 12. 1995, V R 13/95, BStBl. 1996 II 386.

137 BFH, 5. Senat, Urteil vom 27. 3. 1981, AZ: V R 97/75, nicht amtlich veröffentlicht.

138 Büsingen ist komplett von Schweizer Hoheitsgebiet umgeben, gehört jedoch zum Bundesland Baden-Württemberg und liegt im Landkreis Konstanz. Büsingen ist Zollausschlussgebiet (Exklave); näheres unter www.buesingen.de.

139 Diese Leistungen werden nicht im „Inland“ erbracht und sind daher nicht – nach deutschem Recht – umsatzsteuerbar.

140 FG Berlin, Urteil vom 13. 7. 1999, AZ: 7 B 7355/98, EFG 1999, 1104–1105.

141 BFH, Urteil vom 23. 9. 1993, AZ: V R 132/89, BStBl. II 1994, 272.

142 FG Rheinland-Pfalz, Urteil vom 22. 5. 2003, AZ: 6 K 1712/01, DStRE 2003, 1116–1118.

143 BFH-Urteil vom 26. April 1995 XI R 20/94, BStBl. II 1995, 519.

144 Schleswig-Holsteinisches Finanzgericht, Urteil vom 30. 7. 2001, AZ: II. 38/99 (V), Juris-Dokument-Nr. STRE 200171194 m. w. N.

145 FG Baden-Württemberg, Urteil vom 27. 2. 2002, AZ: 13 K 212/96; BFH, AZ: V R 67/03.

146 BFH, Urteil vom 12. 1. 2006, AZ: V R 67/03, DStR 2006, 829 + 1036.

147 Schleswig-Holsteinisches Finanzgericht, Urteil vom 30. 7. 2001, AZ: II 38/99 (V).

148 Schleswig-Holsteinisches FG, a. a. O.

149 BFH, Urteil vom 29. 9. 2000, AZ: V B 16/00, BFH/NV 2001, 351.

150 EuGH, Urteil vom 3. April 2003, C-144/00.

151 BGH, 5. Strafsenat, Urteil vom 18. 6. 2003, AZ: 5 StR 169/00, NJW 2003, 2842–2843.

152 BGH 5. Strafsenat, Vorlagebeschluss vom 5. 4. 2000, AZ: 5 StR 169/00, IStR 2000, 359–361, NStZ 2000, 425–427.

153 Vorschrift der alten „Nullregelung“ heute nicht mehr einschlägig: Vgl. § 13b UStG.

154 BGH 5. Strafsenat, Vorlagebeschluss vom 5. 4. 2000, AZ: 5 StR 169/00, IStR 2000, 359–361, NStZ 2000, 425–427.

155 BGH 5. Strafsenat, Vorlagebeschluss vom 5. 4. 2000, AZ: 5 StR 169/00, IStR 2000, 359–361, NStZ 2000, 425–427.

156 LG Mannheim, Urteil vom 22. 12. 1998, AZ: 22 KLs 611 Js 65/97.

157 BGH 5. Strafsenat, Vorlagebeschluss vom 5. 4. 2000, AZ: 5 StR 169/00, IStR 2000, 359–361, NStZ 2000, 425–427.

158 Urteil des Gerichtshofs der Europäischen Gemeinschaften, 6. Kammer, Rechtssache Hofmann, Urteil vom 3. 4. 2003, AZ: C-144/00.
159 Vgl. dazu: Urteil des AG München vom 1. 6. 2005, AZ: 122 C 32741/04 im Falle des Dirigenten Frühbeck de Burgos, ZUM 2005, 664–666.
160 Nach dem bis zum 31. 12. 2004 geltenden § 12 Abs. 2 Nr. 7a UStG war auch die „Veranstaltung" von Konzerten steuerermäßigt. Dieses weit auszulegende Tatbestandsmerkmal übernahm der Gesetzgeber in der Neufassung des § 12 Abs. 2 Nr. 7a UStG nicht, nach welcher nur noch der Verkauf von „Eintrittsberechtigungen" und die Leistungen „ausübender Künstler" bevorzugt werden. Da in der Praxis in weiten Kreisen derart weiter verfahren wird, dass auch Leistungen von Gastspiel- und Konzertdirektionen dem ermäßigten Steuersatz unterworfen werden, wird dringend angeraten, vom jeweils zuständigen Finanzamt eine verbindliche schriftliche Stellungnahme einzuholen.
161 Mangels Auftritt liegt kein umsatzsteuerpflichtiges Austauschgeschäft vor.
162 OLG Karlsruhe, Urteil vom 16. 5. 1990, AZ: 1 U 307/89, NJW-RR 1991, 1245–1246.
163 OLG Karlsruhe a. a. O.
164 OLG Karlsruhe a. a. O.
165 KG Berlin, Urteil vom 14. 11. 1984, AZ: 24 U 3084/84, NJW 1985, 2137.
166 KG Berlin a. a. O.
167 AG Dinslaken, Urteil vom 12. 7. 2000, AZ: 34 C 116/00.
168 KG Berlin a. a. O.
169 Vgl. Palandt, a. a. O., § 206 BGB, Rn. 4 mit Verweis auf BGH 81, 355, NJW 97, 3164 m. w. N.
170 Vgl. OLG Karlsruhe, NJW 2001, 3557.
171 Vgl. Schmid MDR 03, 974; OLG Leipzig NJW-RR 05, 995.
172 Vgl. LG Frankfurt/Main, NJW-RR 91, 1205.
173 Vgl. OLG Leverkusen, NJW-RR 97, 109, 224.
174 Vgl. BGH 85, 50: Wirbelsturm (vgl. dazu: Rechtsprechungsübersicht zu § 651 j BGB in: Palandt, a. a. O., § 651 j BGB Rn. 3 m. w. N.).
175 Urteil des OLG Karlsruhe vom 15. 5. 1992, AZ: 15 U 297/91 in NJW 1992, 3176 bis 3178.
176 Vgl. FN 206.
177 Vgl. Palandt, § 616 BGB, Rn. 3 m. w. N.
178 Lateinisch salvatorius = erhaltend, bewahrend.
179 BGH, Urteil vom 24.09.2002, Aktenzeichen: KZR 10/01.
180 Palandt, a. a. O. § 139, Rn. 17.
181 Palandt, a. a. O. mit Verweis auf BGH, NJW 05, 2225.
182 Palandt, a. a. O. mit Verweis auf BGH, NJW 03, 347 m. w. N.
183 Vgl. VLB-Titelmeldung interna, Der Managementvertrag, interna, Bonn 2004 sowie Michow in: Moser/Scheuermann, Handbuch der Musikwirtschaft, Josef Keller Verlag, 6. Auflage, München, 2003, S. 1279 ff.
184 einstweilen frei
185 Handel mit sog. Memorabilia wie z. B. bedruckten T-Shirts, Tassen, Stickern, Postern.
186 Palandt, § 168, Rn. 5.
187 Palandt, a. a. O. mit Verweis auf BGH, WM 69, 1009; 85, 646.
188 So auch interna, a. a. O. S. 17.
189 BGH, Urteil vom 28. 10. 1982, AZ: I ZR 134/80, NJW 1983, 1191–1192.
190 BGH, Urteil vom 13. 1. 1993, AZ: VIII ZR 112/92, BB 1993, 607–608; NJW-RR 1993, 505–506.
191 BGH, Urteil vom 18. 10. 1984, AZ: IX ZR 14/84, NJW 1986, 373.
192 BGH, Urteil vom 13. 1. 1993, vgl. FN 187.

193 BGH a. a. O. mit Verweis auf MünchKomm-Schwerdtner, BGB, 2. Aufl., § 627, Rn. 1.
194 BGH, Urteil vom 13. 1. 1993, AZ: VIII ZR 112/92, BB 1993, 607–608; NJW-RR 1993, 505–506.
195 BGH a. a. O.
196 Palandt, § 627, Rn. 5 h. M. mit Verweis auf BGH, WM 05, 1667.
197 Palandt, Überbl v § 305, Rn. 11.
198 Palandt, § 305 b BGB, Rn. 2 mit Verweis auf BGH, NJW 87, 2011.
199 Palandt a. a. O. mit Verweis auf BGH, NJW-RR 95, 179.
200 Palandt a. a. O. mit Verweis auf BGH, NJW 06, 138.
201 K = Künstler; GD = Gastspieldirektion, Konzertdirektion, Tourveranstalter; VA = Veranstalter.
202 Vgl. dazu Urteil des LG Krefeld vom 14. 9. 1999, AZ: 12 O 14/99; vgl. FN 203.
203 OLG München, Urteil vom 26. 5. 2004, AZ: 7 U 3802/02, NJW-RR 2005, 616–617.
204 OLG München a. a. O.
205 OLG Oldenburg, Urteil vom 21. 11. 2000, AZ: U 44/00.
206 Landgericht Krefeld, Urteil vom 14. 9. 1999, AZ: 12 O 14/99.
207 Vgl. Michow in: Moser/Scheuermann, Handbuch der Musikwirtschaft, Josef Keller Verlag, 6. Auflag, München, 2003, S. 1267, 1288 ff.
208 einstweilen frei
209 Der Künstler- und der Gastspielvertrag.
210 Palandt, § 652 BGB, Rn. 34 mit Verweis auf BGH, NJW 97, 1581; 01, 966.
211 Vgl. Michow in: Moser/Scheuermann, Handbuch der Musikwirtschaft, Josef Keller Verlag, 6. Auflage, München, 2003, S. 1271 ff.
212 LG München, Urteil vom 27. 11. 1997, AZ: 23 O 3277/97 sowie LG München, Urteil vom 3. 9. 1998, AZ: 305 O 438/97.
213 Palandt, § 168, Rn. 5.
214 Palandt, a. a. O. mit Verweis auf BGH, WM 69, 1009; 85, 646.
215 LG Hamburg, Urteil vom 2. 5. 2000, AZ: 309 O 274/99.
216 OLG Koblenz, Urteil vom 13. 9. 2001, AZ: 5 U 1324/00, NJW-RR 2001, 1604–1606.
217 AG Herne-Wanne, Urteil vom 27. 3. 1998, AZ: 3 C 5/98, NJW 1998, 3651–3653 mit Verweis u. a. auf OLG Passau, NJW 1993, 1473; AG Aachen, NJW 1997, 2058; Ankermann, NJW 1997, 1134, Fessmann, NJW 1983, 1164; sowie Sprau in: Palandt, a. a. O. Einf. V § 631, Rn. 29.
218 AG Herne-Wanne, a. a. O.
219 AG Herne-Wanne, a. a. O.
220 AG Aachen, Urteil vom 24. 4. 1997, AZ: 10 C 529/96, NJW 1997, 2058.
221 AG Aachen, a. a. O.
222 AG Passau, Urteil vom 12. 2. 1993, AZ: 11 C 1892/92, NJW 1993, 1473.
223 AG Mannheim, Urteil vom 2. 10. 1990, AZ: 3 b C 144/90, NJW 1991, 1490.
224 LG München I, Urteil vom 7. 2. 1991, AZ: 7 O 16 583/90, NJW 1991, 1491.
225 Heute §§ 305 ff. BGB.
226 Heute § 309 Nr. 7 BGB.
227 Heute § 307 BGB.
228 Vgl. dazu auch: LG München I, Urteil vom 18. 4. 1991, AZ: 7 O 19004/90, NJW-RR 1991, 1143.
229 LG Hechingen, Urteil vom 15. 4. 2002, AZ: 2 O 389/01, NJW RR 2003, 84–85.
230 OLG Hamm, Urteil vom 29. 10. 2001, AZ: 13 U 146/01, BeckRS 2001, 30215193.
231 LG Hamburg, Urteil vom 8. 7. 2005, AZ: 318 O 281/02, ZUM-RD 2005, 525–528.

232 BGH, Urteil vom 13. 2. 2001, NJW 2001, 2019 ff. mit Verweis auf: OLG Koblenz, Urteil vom 13. 9. 2001, Versicherungsrecht 2003, 336 ff. sowie Wagner in Münchener Kommentar zum BGB, 4. Auflage, § 823, Rn. 494.
233 Die Verstärkeranlage war noch 1 : 1 aufgebaut.
234 OLG Karlsruhe, Urteil vom 30. 3. 2000, AZ: 19 U 93/99, JZ 2000, 789–790; nachgehend BGH, Urteil vom 13.3.2001, AZ: VI ZR 142/00, NJW 2001, 2019–2020.
235 BGH, Urteil vom 13. 3. 2001, AZ: VI ZR 142/00, NJW 2001, 2019–2020.
236 Vgl. Senatsurteil vom 7. 10. 1986 – VI ZR 187/85 – VersR 1987, 102, 103.
237 Vgl. Senatsurteil vom 15. 4. 1975 – VI ZR 19/74 – VersR 1975, 812, 813.
238 Vgl. BGHZ 103, 338, 342.
239 Vgl. BGHZ 103, 338; Senatsurteil vom 12. 11. 1996 – VI ZR 270/95 – VersR 1997, 249, 250.
240 OLG Koblenz, Urteil vom 13. 9. 2001, AZ: 5 U 1324/00, NJW-RR 2001, 1604–1606.
241 OLG Koblenz, a. a. O.
242 OLG Koblenz a. a. O.
243 Vgl. Hacks/Ring/Böhm, Schmerzensgeldbeträge, 19. Auflage, Nr. 893, 994, 1151 und 1178.
244 OLG Zweibrücken, Urteil vom 26. 8. 1999, AZ: 6 U 40/98, NJW-RR 2001, 595–596.
245 BGH, Urteil vom 20. 2. 1986, AZ: I ZR 105/84, NJW-RR 1986, 709 und DB 1986, 1117.
246 BGH a. a. O.
247 BGH a. a. O. mit Verweis auf BGHZ 43, 108 für Toto-Lotto-Annahmestellen; BGHZ 62, 71 – für Reisebüros m. w. N.
248 BGH a. a. O.
249 BGH a. a. O.
250 AG Schleswig, Urteil vom 14. 3. 2003, AZ: 2 C 157/02, RRa 2003, 127–129.
251 Hier: „Kartenhändler".
252 AG Schleswig a. a. O.
253 Im Jahre 2007.
254 Dies ist keine abschließende Aufzählung.
255 Siehe § 1 des GEMA-Berechtigungsvertrages, abgedruckt in: GEMA-Jahresbuch 2006/2007, 16. Jahrgang, Seite 176 ff., Berlin, 2005.
256 Im Berechtigungsvertrag werden noch eine Reihe weiterer Rechte übertragen (siehe dazu: GEMA-Jahrbuch, a. a. O., Seite 184 ff.).
257 Im Jahre 2007.
258 GEMA-Jahrbuch 2006/2007, a. a. O. S. 187 und 188.
259 Siehe Gema-Jahrbuch, a. a. O. S. 189.
260 Sämtliche Tarife der GEMA sind auf deren Website www.gema.de zu finden;.
261 Die Tarife finden sich im Anhang H dieses Buchs.
262 Näheres unter www.evvc.org.
263 Adresse: GVL, Podbielskiallee 64, 14195 Berlin; Tel. 0 30/4 84 83-6 00; Telefax 0 30/4 84 83–7 00; E-Mail: gvl@gvl.de; Internet: www.gvl.de.
264 Hausadresse der Künstlersozialkasse: Künstlersozialkasse, Gökerstraße 14, 26384 Wilhelmshaven, Postadresse: Künstlersozialkasse, 26380 Wilhelmshaven, Telefon: Vermittlung (0 44 21) 75 43–9, Fax: Versicherte (0 44 21) 75 43–5 86; Verwerter (0 44 21) 75 43–7 11; www.kuenstlersozialkasse.de.
265 Die nachfolgenden Informationen sind der Informationsschrift „Das Wichtigste zur Künstlersozialabgabe in Kürze" zu entnehmen. Vgl. unten, Punkt K, Anhang 2 mit freundlicher Genehmigung der Künstlersozialkasse, Wilhelmshaven.

266 Vgl. dazu: unten, Punkt K, Anhang 2, Informationsschrift Nr. 10, mit freundlicher Genehmigung der Künstlersozialkasse.

267 Vgl. dazu: unten, Punkt K, Anhang 2, Informationsschrift Nr. 4, mit freundlicher Genehmigung der Künstlersozialkasse.

268 Vgl. Ziffer 7 der Informationsschrift Nr. 4. Eine andere Auffassung vertritt das SG.

269 Vgl. Ziffer 5 der Informationsschrift Nr. 4.

270 Vgl. Ziffer 3 der Informationsschrift Nr. 4.

# E. Sachregister

(Die Zahlen verweisen auf die Seiten)

# Die Beck'schen Musterverträge im Überblick

## Arbeitsrecht

| | | | | |
|---|---|---|---|---|
| 1 | Kopp | Arbeitsvertrag für Führungskräfte | 4. Auflage | 2001 |
| 2 | Jaeger | Der Anstellungsvertrag des GmbH-Geschäftsführers | 4. Auflage | 2001 |
| 9 | Bengelsdorf | Aufhebungsvertrag und Abfindungsvereinbarungen | 4. Auflage | 2004 |
| 12 | N. N. | Betriebliche Altersversorgung | 3. Auflage | i. V. |
| 16 | Gnann/Gerauer | Arbeitsvertrag bei Auslandsentsendung | 2. Auflage | 2002 |
| 17 | Röder/Baeck | Interessenausgleich und Sozialplan | 3. Auflage | 2001 |
| 21 | Nebendahl | Der Teilzeitarbeitsvertrag | 3. Auflage | 2005 |
| 23 | Münzel | Chefarzt- und Belegarztvertrag | 2. Auflage | 2001 |
| 24 | Abrahamczik | Der Handelsvertretervertrag | 3. Auflage | 2007 |
| 39 | Hunold | Befristete Arbeitsverträge nach neuem Recht | 1. Auflage | 2001 |
| 43 | Haas/Ohlendorf | Anstellungsvertrag des Vorstands der Aktiengesellschaft | 1. Auflage | 2004 |
| 55 | Hromadka/ Schmitt-Rolfes | Der unbefristete Arbeitsvertrag | 1. Auflage | 2006 |

## Familienrecht

| | | | | |
|---|---|---|---|---|
| 7 | Brambring | Ehevertrag und Vermögenszuordnung unter Ehegatten | 5. Auflage | 2003/ 2004 |
| 10 | Grziwotz | Partnerschaftsvertrag für die nichteheliche und nicht eingetragene Lebensgemeinschaft | 4. Auflage | 2002 |
| 15 | Krenzler | Vereinbarungen bei Trennung und Scheidung | 4. Auflage | 2006 |
| 32 | Vogt/Hannes | Verträge mit Familienangehörigen | 2. Auflage | 2004 |
| 44 | Winkler | Vorsorgeverfügungen | 3. Auflage | 2007 |

## Erbrecht

| | | | | |
|---|---|---|---|---|
| 18 | Wegmann | Ehegattentestament und Erbvertrag | 3. Auflage | 2004 |
| 19 | Kössinger | Das Testament Alleinstehender | 3. Auflage | 2004 |
| 45 | Burandt/Franke | Unternehmertestament | 1. Auflage | 2003 |

## Neue Medien

| | | | | |
|---|---|---|---|---|
| 37 | Schröder | Softwareverträge | 2. Auflage | 2002 |
| 38 | Müller/Bohne | Providerverträge | 1. Auflage | 2005 |

## Gesellschaftsrecht

| | | | | |
|---|---|---|---|---|
| 6 | Langenfeld | Gesellschaft bürgerlichen Rechts | 6. Auflage | 2003 |
| 8 | Reichert/ Harbarth | Der GmbH-Vertrag | 3. Auflage | 2001 |
| 13 | Veltins | Der Gesellschaftsvertrag der Kommanditgesellschaft | 2. Auflage | 2002 |
| 14 | Sommer | Die Gesellschaftsverträge der GmbH & Co. KG | 3. Auflage | 2005 |
| 25 | Stuber | Die Partnerschaftsgesellschaft | 2. Auflage | 2001 |
| 29 | Wahlers | Die Satzung der kleinen Aktiengesellschaft | 3. Auflage | 2003 |
| 33 | Weigl | Stille Gesellschaft und Unterbeteiligung | 2. Auflage | 2004 |
| 36 | Schlitt | Die Satzung der Kommanditgesellschaft auf Aktien | 1. Auflage | 1999 |
| 47 | v. Holt/Koch | Stiftungssatzung | 1. Auflage | 2004 |
| 49 | Kästle/ Oberbracht | Unternehmenskauf – Share Purchase Agreement | 1. Auflage | 2005 |
| 50 | von Holt/Koch | Gemeinnützige GmbH | 1. Auflage | 2005 |

## Miete und Wohnungseigentum

| | | | | |
|---|---|---|---|---|
| 3 | Sauren | Verwaltervertrag und Verwaltervollmacht im Wohnungseigentum | 3. Auflage | 2000 |
| 20 | Schultz | Gewerberaummiete | 3. Auflage | 2007 |
| 35 | Munzig | Die Gemeinschaftsordnung im Wohnungseigentum | 1. Auflage | 1999 |
| 40 | Lützenkirchen | Wohnraummiete | 1. Auflage | 2002 |

## Wirtschaftsrecht

| | | | | |
|---|---|---|---|---|
| 4 | Westphalen | Allgemeine Verkaufsbedingungen nach neuem Recht | 6. Auflage | 2007 |
| 5 | Westphalen | Allgemeine Einkaufsbedingungen nach neuem Recht | 4. Auflage | 2003 |
| 22 | Möffert | Der Forschungs- und Entwicklungsvertrag | 2. Auflage | 2001 |
| 26 | Weiand/Poser | Sponsoringvertrag | 3. Auflage | 2005 |
| 30 | Flohr | Franchisevertrag | 3. Auflage | 2006 |
| 31 | Wauschkuhn | Der Vertragshändlervertrag | 2. Auflage | 2003 |
| 34 | Fammler | Der Markenlizenzvertrag | 2. Auflage | 2007 |
| 42 | Flohr | Masterfranchise-Vertrag | 1. Auflage | 2005 |
| 53 | Philipp | Factoringvertrag | 1. Auflage | 2006 |
| 54 | Ulmer-Eilfort/ Schmoll | Technologietransfer | 1. Auflage | 2006 |
| 57 | Poser | Konzert- und Veranstaltungsverträge | 1. Auflage | 2007 |